Steve Chalke

Was Ihre Kinder über Sex wissen sollten

Steve Chalke

Was Ihre Kinder über Sex wissen sollten

Ein praktischer Ratgeber für Eltern und Erzieher

Aus dem Englischen
von Eva Weyandt

Brendow
VERLAG + MEDIEN

Die Deutsche Bibliothek – CIP-Einheitsaufnahme
Ein Titeldatensatz für diese Publikation ist bei
Der Deutschen Bibliothek erhältlich.

ISBN 3-87067-861-5
Edition C, M 268

First published 2000 in Great Britain by Hodder & Stoughton Limited
under the title »The Parentalk Guide to Your Child and Sex«

Einbandgestaltung: Jens Vogelsang, Aachen
Satz: AbSatz, Klein Nordende
Druck und Bindung: Koninklijke Wöhrmann, Zutphen
Printed in The Netherlands

Inhalt

TEIL I

Das treibt selbst harten Männern die Tränen in die Augen

oder:
Wie sag ich's meinem Kinde?

1. Schieben Sie es nicht auf die lange Bank, nehmen Sie es in Angriff …

Sie können Ihr Kind nicht isolieren, also bereiten Sie es lieber vor

»Du machst wohl Witze! Ausgeschlossen, dass Mum und Dad so etwas tun! Das ist ja widerlich!«

Es war 1965. Ich war zehn Jahre alt und stand zusammen mit meinem damals besten Freund John Dean auf dem Schulhof. Er hatte mich gerade in die schreckliche Wahrheit über die »Tatsachen des Lebens« eingeweiht. Um ehrlich zu sein, ich hätte ihn beinahe verprügelt. Tatsächlich hat mich nur die absolute Gewissheit, dass er log, davon abgehalten. Ich war sicher, dass er zu viel Fernsehen gesehen und das alles vollkommen missverstanden hatte. Bestimmt würden sich meine konservativen und respektablen Eltern nicht herablassen, so etwas zu tun! Diese Vorstellung war einfach … na ja, undenkbar!

Im Laufe der Zeit musste ich erkennen, dass John Deans Theorien über die »Tatsachen des Lebens« richtig waren. Doch trotz der offensichtlichen Hinweise auf das Gegenteil war ich als Teenager noch immer davon überzeugt, dass meine Eltern in Bezug auf Sex vollkommen unwissend waren. Immerhin hatten sie *nie* darüber gesprochen und es sah nicht danach aus, als würden sie es jemals *tun*. Doch nun bin ich selbst Vater, und der Stiefel sitzt am anderen Fuß. Nun liegt es an mir, mit meinen Kindern über Sex zu sprechen, und ich verstehe die tiefe Verlegenheit, die schuld daran war, dass ihr Mund zu diesem höchst intimen und heiklen Thema fest verschlossen geblieben war.

Als ich das erste Mal mit meiner ältesten Tochter auf das Thema Sex zu sprechen kam, war ich so verlegen, dass ich kaum ein Wort herausbrachte. Ohne auch nur den Anflug von Verlegenheit hatte ich während meiner beruflichen Tätigkeit mit Tausenden jungen Leuten über Sex diskutiert. Ich hatte sogar ein Sexualkundevideo gedreht! Aber das war etwas anderes. Das hier war mein eigenes Kind. Die Welt schien sich plötzlich nur noch in Zeitlupe zu drehen, und mein Mund war so trocken wie eine Sanddüne in der Sahara. Nur mit Mühe brachte ich die Worte heraus.

Die Wahrheit ist: Unzählige Eltern finden es so schwierig, dieses heikle Thema anzusprechen, dass sie ... es unterlassen! Ihre Verlegenheit ist zu groß. Lieber meiden sie das Thema ganz! Das Gute an diesem Ansatz ist, dass Sie tatsächlich aus dem Schneider sind, wenn Sie das lange genug durchziehen. Die schlechte Nachricht ist, dass Sie einen ganz wesentlichen Bereich im Leben Ihres Kindes bewusst ignorieren. Ihr Kind ist gezwungen, allein und ohne Ihre Hilfe, Anleitung und Unterstützung, ohne Ihre Weisheit und Erfahrung seine eigene Überzeugung und Meinung in Bezug auf einen der wichtigsten, empfindlichsten und kompliziertesten Lebensbereiche zu entwickeln. Machen Sie sich nichts vor: Mit Ihrem Sohn oder Ihrer Tochter über Sex zu reden ist eine schwierige und peinliche Angelegenheit, aber es ist ein ganz wichtiger Teil Ihrer Aufgabe als Mutter oder Vater.

Die Kindheit verfliegt sehr schnell. Bevor Sie wissen,

wie Ihnen geschieht, ist das Kind, das Sie am ersten Kindergartentag nicht gehen lassen wollte, aus dem Nest geflogen und kommt nur dann und wann einmal nach Hause, um Ihnen die Speisekammer leer zu futtern, Ihre Waschmaschine mit Beschlag zu belegen und sich rücksichtslos Ihren Wagen »auszuleihen«, wenn Sie ihn gerade selbst brauchen. Es ist also wichtig, *jetzt* mit ihm über Sex zu sprechen, bevor sich das Drama seiner Sexualität zu einer Krise ausweitet. So schwer das ist: Sie müssen den Stier unbedingt bei den Hörnern packen und anfangen, mit Ihrem Kind über Sex zu reden, bevor es dieses Thema bereits in der »Universität des Lebens« ausführlich diskutiert hat – zusammen mit Erfahrungen aus erster Hand im praktischen Examen!

Lassen Sie nicht zu, dass Sex zu einem »Tabuthema« in der Erziehung Ihres Kindes wird; es soll nicht der einzige Bereich in seinem Leben sein, auf den Sie es nicht vorbereiten, in dem Sie ihm nicht die Hilfe und Anleitung geben, die es so dringend braucht.

Top Tipp:

Schieben Sie es nicht länger auf, mit Ihrem Kind über Sex zu reden, und machen Sie kein »Tabuthema« daraus. Enthalten Sie ihm nicht Ihre Weisheit und Erfahrung vor.

Einflussnahme von außen

Einige Eltern fühlen sich nicht wohl bei dem Versuch, die Einstellung ihres Kindes zum Thema Sex und Sexualität aktiv zu beeinflussen. Ist das nicht nur eine Art der Gehirnwäsche?, fragen sie.

Die einfache Antwortet lautet: Ja, natürlich! Aber in gewisser Weise ist das jede Art des Lehrens oder der Beeinflussung – auch in der Schule! Angefangen damit, dass Sie Ihrer Tochter die ersten Worte beibringen oder Ihren vergesslichen Jungen immer wieder daran erinnern, den Toilettensitz hochzuklappen, bevor er zielt, und wenn er fertig ist, ihn wieder hinunterzuklappen und abzuspülen, hören Sie nicht auf, das Denken und Verhalten Ihres Kindes zu formen und zu beeinflussen. Darum geht es schließlich in der Erziehung.

Doch Sie versuchen ja nicht als Einzige, bei Ihrem Kind eine Gehirnwäsche vorzunehmen. Wenn Sie es unterlassen, Einfluss zu nehmen auf die Meinung Ihres Kindes, andere haben keinerlei Probleme damit. Ob es Ihnen nun gefällt oder nicht, es herrscht ein harter Kampf um die Einflussnahme auf die Meinungsbildung junger Leute. Eine riesige Anzahl von Menschen mit unterschiedlicher (und manchmal höchst fragwürdiger) Agenda wetteifert aktiv um die Meinung Ihres Kindes … und sein Geld.

Die eigentliche Frage lautet also nicht: »Wird mein Kind einer Gehirnwäsche unterzogen?«, sondern: »Was wird meinem Kind nahe gebracht?« Sexuell orientierte Bilder und Einflüsse sind überall zu finden, offensichtlich und unterschwellig. Sie stürmen auf das Gehirn Ihres Kindes ein (und auf seine Augen und Ohren). Kein Kind ab sieben oder acht Jahren kann unserem unablässigen Gerede von

Sex entfliehen. Es wird offen angesprochen und hemmungslos in der Werbung für bestimmte Produkte verwendet, angefangen von Bier und Lebensversicherungen bis hin zu Schokoriegeln und Luxuswagen.

● **In der Werbung.** Von heißen Getränken bis zum Urlaub, von verschreibungspflichtigen Tabletten bis hin zu Parfüm gehört Sex zu den wichtigen Bestandteilen aller möglichen Werbekampagnen. Auf Werbeplakaten für Duschgel läuft ein halbnacktes Mädchen über einen palmenumstandenen Sandstrand. Gewöhnliche Menschen werden zu sexuellen Magneten, wenn sie ein bestimmtes Deo benutzen, während Frauen mit Hilfe einer Dose Diätcola ihr Fantasieleben aufpeppen. Das Produkt hat natürlich nicht unbedingt etwas mit Sex zu tun.

● **In den Zeitungen und Zeitschriften.** Die Seite eins der *Bild-Zeitung* enthält jeden Tag das Bild einer nackten Frau. Hier hat man offensichtlich Sex als einen wichtigen Marketingfaktor erkannt. Bekannte Zeitschriften wie *Vogue, Cosmopolitan, FHM* und *Esquire* – sowie Teenagerzeitschriften wie *Bravo, Popcorn* und *Mädchen* – werden zunehmend deutlicher bei ihrer Behandlung des Themas Sex. Keine Ausgabe ist vollständig ohne einen Artikel über Wege zu einem »größeren und besseren Orgasmus« oder »15 Stellungen für den Montagmorgen«. Die Formel ist einfach: Zwei Zeilen, in denen eingestanden wird, dass Sex nicht alles ist, werden überfrachtet von zwei Seiten, auf denen genau das dann stattfindet.

● **Auf den Hitlisten.** Seit den fünfziger Jahren, als Elvis Presleys kreisende Hüften von den amerikanischen Fernsehbildschirmen verbannt wurden, weil aufgebrachte Eltern den Eindruck hatten, dass diese Bilder sexuell zu stimulierend für ihre unschuldigen Töchter seien, gehört

Sex unterschwellig oder manchmal auch ganz offen, zur Rock- und Popmusik dazu. Von der unterdrückten Sinnlichkeit der Boy Groups, die die Herzen der Teenager heutzutage höher schlagen lassen, bis hin zu Beckenstößen und eindeutigen Gesten gehören Sex und Liebe unabdingbar zum Image und zu den Texten der Popmusik dazu.

- **Auf den Bestsellerlisten.** Sex hat schon immer Literatur verkauft. Von den skandalösen Dichtern des alten Rom bis hin zu den kessen Pilgern in Chaucers *Canterbury Tales* strotzt die »klassische« Literatur häufig nur so von sexuellem Inhalt und sexuellen Anspielungen. Shakespeares *Die lustigen Weiber von Windsor* zum Beispiel ist die Mutter aller Sitcoms, während die offen dargestellte Sexualität in *Lady Chatterleys Liebhaber* in den zwanziger Jahren London in Aufruhr versetzte und dazu führte, dass das Buch in England fünfunddreißig Jahre lang aus der Öffentlichkeit verbannt wurde. Die Autoren der heutigen Zeit geben sehr häufig mit ausführlich beschriebenen Sexszenen ihren Büchern die richtige Würze, sogar in den Schnulzen- und Liebesromanen wird nicht vor der Schlafzimmertür Halt gemacht.
- **In Film und Fernsehen.** Seit den siebziger Jahren gibt es kaum einen Kino- oder Fernsehfilm, in dem nicht mindestens eine Bettszene gezeigt wird, bei der einem die Augen aus den Augenhöhlen treten, mit allem dazugehörigen Stöhnen, Seufzen und Keuchen. In den Soaps sprechen die Teenager nicht darüber, *ob* sie »es« tun sollten, sondern wann, mit wem und wie oft. Und es ist beinahe unmöglich, durch die Videothek zu laufen, ohne mit Dutzenden Geschichten von Sex, Geheimnis, Strümpfen mit Strapsen konfrontiert zu werden – auch wenn man eigentlich nach Bugs Bunny sucht!

Mit anderen Worten, auf die eine oder andere Weise wird Ihr Kind von sexuell orientierten Bildern umgeben. Der Versuch, sein Denken zu beeinflussen, ist nicht die »Einmischung« machthungriger Eltern, die ihr Kind einer Gehirnwäsche unterziehen, sondern die verantwortungsbewusste Tat kluger und liebevoller Eltern, denen es ein Anliegen ist, ihrem Kind zu helfen, eine ausgewogene Lebensperspektive zu bekommen. *Ihr* Input und Einfluss werden ihm helfen, alle anderen Sichtweisen und Meinungen zu verarbeiten, die tagein, tagaus auf Ihr Kind einstürmen.

Ich habe einmal an einer Radiosendung zum Thema Erziehung von Teenagern teilgenommen. Während der Sendung griff mich ein Anrufer wegen meiner »einmischenden« Haltung gegenüber Jugendlichen an. »Sie tun so, als wären es keine Erwachsene«, bemerkte er, und damit hat er unabsichtlich den Nagel auf den Kopf getroffen. »Genau darum geht es ja«, erwiderte ich. »Jugendliche sind noch keine Erwachsene!«

Jugend wird im *Oxford English Dictionary* definiert als eine Phase »zwischen Kindheit und Erwachsenenalter«. Mit anderen Worten: Teenager liegen irgendwie dazwischen. Die Gesellschaft erkennt dies an, indem sie ihnen bestimmte Beschränkungen auferlegt und Eltern oder dem Vormund die Macht und Verantwortung für bestimmte Entscheidungen in ihren Angelegenheiten überträgt – Entscheidungen, die zu treffen sie nach Einschätzung des Gesetzes noch nicht reif genug sind. Mit anderen Worten: Sie *denken* zwar, sie wüssten alles, doch eigentlich ist es so, dass Teenager (genau wie Kleinkinder) noch lernen und Ihr aktives Eingreifen und Ihre Anleitung brauchen, um zu einem reifen Erwachsenen heranzuwachsen.

Und dabei macht es keinen Unterschied, ob Sie mit Ihrem Kind über Sex oder jeden anderen Lebensbereich sprechen. Nur Eltern, die nicht recht bei Verstand sind, würden zulassen, dass ihr Teenager sich die Autoschlüssel schnappt, um sich selbst das Fahren beizubringen. Abgesehen davon, dass es gesetzlich nicht erlaubt ist, ist es auch unglaublich gefährlich. Auch würden Eltern niemals zusehen, wie ihr Kleinkind mit einem Messer spielt. Man darf gar nicht darüber nachdenken, welchen Schaden es bei sich selbst und bei anderen anrichten könnte!

Wir müssen den Tatsachen ins Auge sehen: Ob Ihr Kind nun vier oder vierzehn ist, die Tatsache, dass Sie dieses Buch überhaupt lesen, zeigt, dass Sie bereits erkannt haben, wie wichtig es ist, mit ihm über Sex und Sexualität zu sprechen. Sie sind kein Befürworter der Theorie des freien Falls und möchten nicht, dass Ihr Kind ohne Anleitung anfängt herumzuexperimentieren – und schließlich aus den eigenen Fehlern lernen muss. Sie möchten Ihr Wissen und Ihre Erfahrung an Ihr Kind weitergeben. Darum lassen Sie sich nicht von Ihrer Verlegenheit abhalten, einen wichtigen Beitrag zur Entwicklung Ihres Kindes zu leisten. Ohne *Ihren* Einfluss wird es der Gnade anderer Leute ausgeliefert sein.

Top Tipp:

Wenn Sie nicht die Meinung Ihres Kindes in Bezug auf Sex und Sexualität beeinflussen, dann stehen Sie allein da. Alle anderen Leute in seinem Umfeld tun es nämlich!

Glaube, Hoffnung und Reinheit

Natürlich geht es bei dieser »Gehirnwäsche« nicht darum, Ihrem Kind bestimmte Entscheidungen abzunehmen. Sie soll ihm vielmehr helfen, *eigene* Entscheidungen zu treffen.

Jeden Morgen fährt mein Freund Jason mit dem Zug zu seiner Arbeitsstelle in die Stadt, und jeden Abend kommt er zu seiner Wohnung in einem Vorort zurück, in der er allein lebt. Sein Tagesablauf ist fast immer derselbe. Er geht niemals aus und lädt niemals Freunde zum Abendessen ein. Es bereitet ihm große Schwierigkeiten, Freundschaften zu schließen, sodass er nur wenige Freunde hat. Körperlich ist alles in Ordnung mit ihm. Ihm fehlt es nur an dem nötigen Selbstvertrauen und an sozialen Fähigkeiten. Der Grund dafür ist einfach: Seine ihn liebende Mutter hat ihn nie von ihrem Schürzenzipfel gelassen. Sie hat ihn viel zu sehr beschützt, hatte immer Angst, er könnte die *falschen* Entscheidungen treffen. So hat er nie gelernt, eigene Entscheidungen zu treffen. Nach ihrem Tod war er hilflos und konnte nicht mehr allein zurechtkommen.

Im Mittelalter ergriffen viele Väter ähnliche Vorsichtsmaßnahmen. Sie schützten ihre Kinder vor falschen Entscheidungen, indem sie ihnen alle Entscheidungen abnahmen. Einige Väter waren so sehr darum bemüht, die Unschuld ihrer Töchter zu beschützen, dass sie ihnen verschließbare Keuschheitsgürtel anlegten – eine sichere Art, ihre Reinheit zu gewährleisten, sollte man denken! Aber schon damals hat dieser Ansatz nicht funktioniert, und auch heute funktioniert er nicht. Selbst damals im Mittelalter landeten unternehmungslustige Töchter im Bett von gut aussehenden Lehrlingen des Schmiedehandwerks, um einen Ersatzschlüssel zu bekommen. Heutzutage würden sie sich einfach einen Dietrich besorgen, das Schloss knacken oder Sie dem Jugendamt melden!

Die Wahrheit ist: Wir können unsere Kinder nicht vor dem Leben *beschützen*, wir müssen sie darauf *vorbereiten*. Darum muss unser Ziel sein, sie *anzuleiten*, ihre eigenen Entscheidungen in Bezug auf Sexualität zu treffen, und nicht, ihnen diese Entscheidungen abzunehmen. »Gib jemand einen Fisch«, heißt es in einem alten Sprichwort, »und du wirst ihn einen Tag lang ernähren. Lehre ihn, einen Fisch zu fangen, und du wirst ihn ein Leben lang ernähren.«

Als unsere Kinder noch klein waren, haben meine Frau und ich sie wie alle Eltern Tag für Tag gewaschen und angezogen. Leider ist keines von ihnen mit einem voll ausgestatteten Kulturbeutel und der umfassenden Kenntnis in Bezug auf Körperhygiene auf die Welt gekommen, darum mussten Cornelia und ich ihnen genau zeigen, wie sie sich waschen, anziehen, auf die Toilette gehen, Zähne putzen, kämmen, Schnürsenkel binden und sich so präsentabel wie möglich machen konnten. Nach und nach begriffen sie das Wichtigste (na ja, das meiste zumindest) und kamen an den Punkt, den wir angesteuert hatten: den Punkt, dass sie alles allein tun konnten und auch taten.

So ist auch das Ziel Ihrer Gespräche über das Thema Sex nicht, dass Ihre Kinder sich allen Ihren Entscheidungen wie ein gehirnloser Roboter anschließen. Das Ziel ist, dass sie ihre *eigenen* Entscheidungen treffen, und zwar so konstruktiv, kreativ und verantwortungsbewusst wie möglich. Denn schließlich wollen Sie ja nicht, dass Ihre Kinder verletzt werden, und das wird passieren, wenn sie *schlechte* Entscheidungen treffen. Es besteht also eine unablässige

Spannung zwischen dem Wunsch, dass sie *gute* Entscheidungen treffen, und dem Wunsch, dass sie ihre *eigenen* Entscheidungen treffen. Diese Spannung lässt sich nur lösen, wenn Sie Ihre Kinder anleiten und unterstützen, bis sie so selbstbewusst und so ausreichend informiert sind, dass sie ihre eigenen, guten Entscheidungen treffen können, Entscheidungen, die sie nicht bereuen werden, weder am Morgen danach noch fünf Jahre später.

In gewisser Weise ist das so, als würden Sie sie mit einem inneren »Keuschheitsgürtel« ausstatten, für den sie selbst den Schlüssel in Verwahrung haben. Sie wünschen sich, dass Ihre Kinder den Rahmen *ihrer Eltern* durch *ihren eigenen* ersetzen. Dazu müssen sie genau wissen, welche Entscheidungsmöglichkeiten ihnen zur Verfügung stehen, und über die möglichen Konsequenzen jeder einzelnen Entscheidungsmöglichkeit Bescheid wissen. Aber sie müssen auch das nötige Selbstvertrauen besitzen, um diese Entscheidungen zu *treffen*. Kluge Eltern bemühen sich also darum, ihrem Kind die einzigen Dinge zu vermitteln, die ihnen letztlich helfen und sie leiten werden: Weisheit, Selbstwertgefühl und Selbstkontrolle.

Top Tipp:

Ihre Aufgabe ist es nicht, Ihrem Kind die Entscheidungen abzunehmen, sondern ihm zu helfen, seine eigenen und klugen Entscheidungen zu treffen.

»Erde, verschlucke mich!«

Was können wir denn tun, um unsere Kinder mit diesem so dringend benötigten inneren »Keuschheitsgürtel« auszurüsten? Sie sollten tief durchatmen, Ihre Verlegenheit überwinden und mit ihnen über Sex sprechen. Keine Angst, wenn dieser Vorsatz Ihnen weiche Knie bereitet. Bisher ist es noch jeder Mutter und jedem Vater schwer gefallen, bei einem aufrichtigen Gespräch mit dem Kind über Sex die richtigen Worte zu finden, und das ist natürlich der Grund, warum so viele Eltern diese Angelegenheit aufschieben, bis es zu spät ist, und es der Schule und den Freunden des Kindes überlassen, ihnen diese Aufgabe abzunehmen.

Früher war Sexualkunde im Biologieunterricht beschränkt auf die Frage »Was ist was?«, doch mittlerweile wurde dieses Fach »aufgewertet« und gehört zum normalen Lernstoff. Schulen sind verpflichtet, mit den Schülern nicht nur über die mechanische Funktion von Sex zu sprechen, sondern sie über die unterschiedlichen emotionalen und sozialen Aspekte von Sex aufzuklären. Doch wenn Sie in die Versuchung geraten zu denken, damit wären Sie aus dem Schneider, denken Sie doch noch einmal genau darüber nach. Es gibt mindestens zwei gute Gründe, warum Sie unbedingt als Erster mit Ihrem Kind über Sex sprechen sollten:

1. Studien zeigen immer wieder, dass *Kinder sich im Nachhinein wünschen, ihre Eltern hätten sie als Erste mit dem Thema Sex konfrontiert*, sie hätten ihre Informationen nicht von Freunden, aus Schule, Filmen, Zeitschriften oder den Medien bezogen. Mark Twain definierte ein »klassisches« Buch einmal als »etwas, das jeder gelesen haben

möchte und niemand lesen möchte«. Bei Sex ist es dasselbe: Wir alle möchten darüber Bescheid wissen, aber niemand von uns möchte den unangenehmen und peinlichen Prozess durchmachen, darüber *informiert* zu werden. Obwohl überall dargestellt, ist Sex noch immer ein überaus persönliches Thema – vor allem während der Pubertät, wo das Selbstvertrauen des Kindes durch die verwirrenden inneren wie äußerlichen Veränderungen stark angeschlagen ist. Neun- von zehnmal wird der Wunsch Ihres Kindes, über Sex Bescheid zu wissen, hinter einem dicken Vorhang der Verlegenheit verborgen sein. Wenn Sie das Thema anschneiden, wird es sich winden, Blickkontakt vermeiden und sich woandershin wünschen. Aber es ist trotzdem sehr wichtig, dass Sie die Initiative ergreifen, weil dieses unangenehme Gefühl der Verlegenheit nichts gegen die Verlegenheit ist, die Ihr Kind empfinden wird, wenn es von seinen Klassenkameraden davon erfährt, oder schlimmer noch, feststellt, dass alle anderen außer ihm über Sex bereits Bescheid wissen!

2. Es gibt einige Dinge, die nur *Sie Ihrem Kind erklären können, weil es sie in der Schule nicht lernen wird*; vor allem können Sie Ihrem Kind eine persönliche Beratung bieten, die die Schule einfach nicht leisten kann. In der Abgeschiedenheit des Zuhauses können Sie Themen anschneiden, die Ihre Kinder in der Schule einfach nicht ansprechen würden, weil sie zu peinlich sind – von Masturbation und Menstruation bis hin zur Anatomie oder Anziehungskraft des anderen Geschlechts. Nur wenige Kinder sind mutig genug, das Risiko einzugehen, ihre Unwissenheit vor Freunden und Klassenkameraden zu zeigen, indem sie zu viele Fragen stellen – selbst wenn alle anderen das insgeheim auch wissen wollen!

Darum lassen Sie sich nicht von der Mauer des Schweigens abhalten, vor der Sie vielleicht stehen, wenn Sie dieses Thema anschneiden. Seien Sie beharrlich, haben Sie keine Angst zu reden und lassen Sie Ihr Kind einfach zuhören, selbst wenn es so tut, als würde es das, was Sie sagen, gar nicht interessieren. Ihre Offenheit und Ihr Respekt vor Ihrem Kind werden viel bewirken.

Top Tipp:

Sex ist ein sehr intimes, persönliches Thema, und Sie sollten als Erste mit Ihrem Kind darüber sprechen.

»Erziehung, Erziehung, Erziehung«

Aber das ist nicht der einzige Grund, warum es ratsam ist, selbst mit seinem Kind über Sex zu reden, anstatt das den Freunden oder Lehrern zu überlassen. Kein Rat, den Ihr Kind im Klassenzimmer oder auf dem Schulhof bekommt, sei es in Bezug auf Sex oder irgendetwas anderes, ist vollkommen »wertfrei«. Die moralische Meinung des Lehrers wird sich zum Beispiel unweigerlich in den Unterricht einschleichen, wie sehr er sich auch um Objektivität bemüht. Und da Sie nicht unbedingt mit den moralischen Wertvorstellungen eines Lehrers übereinstimmen müssen, ist es so wichtig, seinem Kind die *eigenen* Wertvorstellungen zu vermitteln neben denen, mit denen es in der Schule, in den Medien und im Umgang mit seinen Freunden konfrontiert wird. Das Wissen um *Ihre* Meinung wird ihm helfen, die Einstellung anderer Leute zu verstehen, und das wiederum fördert die eigene Meinungsbildung. Wissen ist Macht, wie Francis Bacon es einmal ausgedrückt hat.

Mit anderen Worten, Ihre Anleitung wird Ihrem Kind einen psychologischen Vorteil verschaffen. Sie wird dazu beitragen, es auf die gängigen unterschiedlichen Ansichten und Meinungen in Bezug auf Sex vorzubereiten, indem es mit dem nötigen moralischen Rahmen ausgerüstet wird, damit es alles, womit es konfrontiert wird, in die richtige Perspektive rücken kann.

Einige Eltern sind sich natürlich ihrer eigenen Fehler in der Vergangenheit so stark bewusst, dass sie nicht den Mut haben, ihren Kindern Ratschläge in Bezug auf Sex zu geben. Ist das nicht Heuchelei, fragen sie, wenn man dem Kind rät: »Tu, was ich sage, und nicht, was ich getan habe«? Die Antwort darauf lautet schlicht und einfach *nein*. Im Leben geht es doch unter anderem auch darum, aus den eigenen Fehlern zu lernen. Wenn Sie Ihrem Kind helfen können, aus einigen Ihrer Fehler zu lernen, um so besser.

Darum ist es unbedingt wichtig, dass Sie lernen, innerhalb der Familie über das Thema Sex zu sprechen, und dass Sie sofort damit anfangen, wie schwierig und peinlich das auch sein mag. Je länger Sie es aufschieben, desto mehr Raum geben Sie der Fantasie Ihres Kindes, desto größer ist die Gefahr, dass Ihr Kind anderswo Mythen und Halbwahrheiten aufschnappt. Ich erfuhr von den Tatsachen des Lebens auf dem Spielplatz, als ich gerade zehn Jahre alt war. Das war vor dreißig Jahren. Heutzutage werden schon sieben- oder achtjährige Kinder Tag für Tag mit sexuell orientierten Bildern bombardiert, und das, was sie aufschnappen, ist eine Mischung aus Halbwahrheiten und groben Missverständnissen. Selbst kleine Einsteins werden immer wieder bestimmte Dinge missverstehen. Ohne Ihre Beteiligung gibt es keine Garantie dafür, dass diese Missverständnisse nicht bis in die Teenagerzeit bestehen bleiben … oder sogar noch darüber hinaus!

Top Tipp:

Ihr Wissen über Sex wird Ihrem Kind helfen, die Meinung anderer zu verstehen, darum sprechen Sie mit ihm darüber.

Überwinden Sie sich – fangen Sie früh damit an!

Am besten überwinden Sie die Peinlichkeit, mit Ihrem Kind über Sex zu sprechen, indem Sie das Thema sanft und natürlich anschneiden, wenn das Kind anfängt zu fragen, wo es herkommt.

Machen Sie nicht den Fehler, sich dieses Thema für eine Mammutlektion aufzuheben, zusammen mit einer Multimedia-Diashow und handgezeichneten Diagrammen auf einer Tafel, wenn das Kind dreizehn oder vierzehn ist. Ihre Kinder werden sich dann nicht nur in der ersten halben Stunde vor Verlegenheit winden und den Rest der Zeit verschlafen, schlimmer noch, sie werden vermutlich nicht begreifen, dass Sex und Sexualität ganz natürlich zum Leben dazugehören.

Darum, fangen Sie *jetzt* an, wenn Ihr Kind noch klein ist. Fangen Sie *jetzt* an, wenn Ihr Kind bereits ein Teenager ist.

Wie lange Sie das auch bereits aufgeschoben haben, die folgenden drei goldenen Regeln gelten immer.

1. Es ist besser, *wenig und häufig* mit Ihrem Kind über Sex zu sprechen, als alles auf einmal abarbeiten zu wollen. Auf diese Weise hat es mehr Zeit, alles zu durchdenken und mehr Selbstbewusstsein zu gewinnen bei dem Gespräch über ein Thema, das schrecklich peinlich sein kann. Je mehr sich Ihr Kind daran gewöhnt, mit Ihnen über Sex zu sprechen, desto mehr wird es sich Ihnen öffnen und intime und persönliche Dinge mit Ihnen besprechen können. Wichtiger noch, auch Sie werden sich daran gewöhnen, mit ihm über dieses Thema zu reden. Auf diese Weise werden Sie langsam diese Art der Vertrauensbeziehung aufbauen, die es Ihnen ermöglichen wird, leichter und effektiver über Sex zu reden. Mit anderen Worten, wenn Ihr Kind dann das Teenageralter erreicht, wird es ein natürliches Gesprächsthema sein.

2. Ihre Erklärungen sollten unbedingt dem Alter und dem Begriffsvermögen des Kindes angepasst sein. Ausführliche anatomische Beschreibungen des Sexualaktes würden bei einem Dreijährigen keinen Sinn machen und von einem Dreizehnjährigen als Ausflüchte gewertet, wenn es aus heiterem Himmel gleich im ersten Gespräch angesprochen würde. Ihr Kind braucht keinen Crashkurs in Sex. Es möchte fortwährend mit Ihnen im Gespräch sein. Zu viel Information kann ein Kind überfordern. Als der sechsjährige John fragte: »Wo komme ich her?«, setzte seine Mutter zu einer ausführlichen biologischen Erklärung von Eiern, Eierstöcken, Orgasmus und Geschlechtsverkehr an. Als sie eine halbe Stunde später fertig war, lautete Johns einziger Kommentar: »Das ist ja lustig. Peter sagt, er käme aus Hamburg!« Sie müssen Ihrem Kind die Wahrheit

sagen, aber es muss nicht die *ganze* Wahrheit *auf einmal* sein. Stückchen um Stückchen wird vollkommen genügen. Achten Sie darauf, dass Ihre Erklärungen einfach und offen sind, leicht zu verstehen, aber niemals das letzte Wort.

3. Sprechen Sie wenn möglich über Sex, *wenn das Thema ganz natürlich in ein Gespräch mit Ihrem Kind einfließen kann* oder wenn eine Frage gestellt wird. Das erspart es Ihnen, das Thema aus heiterem Himmel aufzubringen, es hilft aber auch Ihrem Kind, Sex als einen natürlichen Teil des Lebens zu betrachten. Achten Sie aber darauf, dass Sie zwei Fehler möglichst vermeiden. Erstens, *übertreiben* Sie nicht, indem Sie mit langweiliger Regelmäßigkeit auf dieses Thema kommen, wann immer sich die Gelegenheit dazu ergibt, denn sonst werden Ihre Kinder abschalten. Als ein Freund seinen Sohn fragte, ob er Lust auf einen Spaziergang mit ihm im Park hätte, antwortete der Sohn: »Oh nein, Paps ... nicht schon wieder ein Gespräch über Sex!« Zweitens, warten Sie nicht zu lange darauf, dass sich eine spontane Gelegenheit ergibt, obwohl Ihr Ziel immer sein sollte, im normalen Gespräch über Sex zu reden. Allerdings ist es immer noch besser, ein solches Gespräch künstlich herbeizuführen, als überhaupt nicht mit dem Kind darüber zu sprechen!

Top Tipp:

Über Sex zu sprechen ist nicht einfach. Darum versuchen Sie, Vertrauen aufzubauen, indem Sie wenig und häufig darüber reden, in mundgerechten Stücken. Das ist besser, als alles auf einmal zu präsentieren.

2. Wissen ist Macht

Kluge Entscheidungen treffen

In seinem berühmten Roman *1984* beschrieb George Orwell eine albtraumhafte Welt, in der die Regierung, geführt von »Big Brother«, absolute Macht über die Menschen ausübt, indem sie die Bürger im Dunkeln hält, ihnen die Tatsachen vorenthält. Big Brother beschränkt nicht nur den Zugang zu allen Arten von Basisinformationen, er fordert die Menschen aktiv auf, sich *nicht* für die Welt zu interessieren, in der sie leben, und versichert ihnen: »Unwissenheit ist Macht.«

Leider übernehmen viele Eltern unbewusst eine ähnliche Haltung bei der Aufgabe, ihre Kinder über Sex aufzuklären. Sehr darauf bedacht, das »Alter der Unschuld« so lange wie möglich zu bewahren, und aus Angst, zu viel Information würde ihre Kinder zu früh in eine sexuelle Beziehung treiben, schieben sie es so lange auf, mit ihrem Kind über Sex zu sprechen, bis es unumgänglich ist. »Wir überschreiten diese Brücke, wenn wir sie erreichen«, damit beruhigen sie sich. Dies alles geschieht natürlich aus den besten Motiven heraus, aber die Wahrheit ist, dass Eltern, die diesen Ansatz praktizieren, ihren Kindern eher *schaden*, als ihnen zu helfen. Unwissenheit ist ganz bestimmt keine Quelle der »Kraft« oder sogar des »Glücks«, sondern häufig nichts anderes als der Weg in die große Katastrophe.

Zum einen sind Teenager häufig bemerkenswert verschlossen in der Nähe ihrer Eltern, vor allem in Bezug auf etwas so Persönliches und Peinliches wie Beziehungen. Nur selten erzählen sie frei von der Leber weg, dass sie gerade angefangen haben, dem attraktivsten Jungen oder Mädchen in der Schule nachzustellen. Als Eltern erfahren Sie vielleicht als Letzte davon. Wenn Sie also vorhaben, bis zur letzten Minute zu warten, Ihrem Kind seine kostbare »Unschuld« zu rauben, dann werden Sie vermutlich feststellen müssen, dass jemand anderes Ihnen das bereits abgenommen hat!

Wichtiger noch, wenn Ihr Kind dann tatsächlich anfängt, sich für Sex und Beziehungen zu interessieren, werden sein Körper und seine Emotionen bereits einige verwirrende und radikale Veränderungen durchmachen. Alle diese Veränderungen haben mit seiner Sexualität zu tun. Wenn Sie sich also dem Ansatz »Schweigen ist Gold« verschrieben haben, dann haben Sie viele wichtige Gelegenheiten verpasst, Ihr Kind auf diese Zeit vorzubereiten und auf das, was es bedeutet, diese langsame »Metamorphose« vom Jungen oder Mädchen in Mann oder Frau durchzumachen. Je mehr dieser wertvollen Gelegenheiten Sie verpassen, desto schwerer wird es Ihrem Kind fallen, zuallererst bei Ihnen den gesunden Rat und die Unterstützung zu suchen, nach denen es sich so verzweifelt sehnt.

Um Sie voll und ganz zu beruhigen, berichtet die Weltgesundheitsorganisation, es gäbe absolut *keinen* Hinweis darauf, dass Sexualerziehung zu gesteigerter oder verfrühter sexueller Aktivität führt. Alle Studien belegen eher das Gegenteil – gute Sexualerziehung schraubt das Alter, in dem Teenager Sex haben, sogar hinauf. Ausreichende Information zögert den Beginn der sexuellen Aktivität eines Kindes hinaus. Wie ein altes Sprichwort heißt: »Vorwarnung ist die beste Abwehr!«

Die Wahrheit ist, die *Unschuld* Ihres Kindes wird viel besser geschützt, wenn die Zeitbombe seiner *Unwissenheit* entschärft wird. Ihre offene und ehrliche Anleitung wird ihm helfen, bessere, informiertere, reifere und verantwortungsbewusstere Entscheidungen angesichts des enormen Drucks seiner Hormone, seiner Freunde und der Medien zu treffen.

Top Tipp:

Vorwarnung ist die beste Abwehr – die Aufklärung Ihres Kindes über Sex wird den Beginn seiner sexuellen Aktivität vermutlich hinauszögern, keinesfalls beschleunigen.

Wenn Hormone durchdrehen

Wenn Kinder in die Pubertät kommen, melden sich auf einmal die Hormone. Ohne Vorwarnung und ganz unerwartet spielen Millionen dieser kleinen biochemischen Botschafter im Körper plötzlich verrückt. Sie tragen bestimmten Körperteilen auf, sich von einem »Kind« in einen »Erwachsenen« zu verwandeln. Einige Hormone lösen dauerhafte Veränderungen aus, wie zum Beispiel einen Wachstumsschub, andere regulieren die täglichen, wöchentlichen und monatlichen Vorgänge im Körper. Östrogen bestimmt den Fortpflanzungszyklus der Frau. Es trägt den Eierstöcken auf, jeden Monat ein Ei in die Eileiter freizusetzen. Testosteron ist das entsprechende Hormon bei Männern. Es bestimmt die Spermaproduktion.

Bei den meisten Mädchen beginnt die Pubertät im Alter von elf oder zwölf Jahren, es kann natürlich auch etwas früher oder später sein. Ihre Brüste beginnen sich zu entwickeln, was manchmal schmerzhaft ist, und das Schamhaar und die Behaarung unter den Armen wachsen. Es ist die Untertreibung des Jahres zu sagen, dass all dies ihnen peinlich ist oder ihnen Unbehagen bereitet. Kurz darauf, und auch hier kann es beträchtliche Zeitunterschiede geben, setzt die erste Menstruation ein. Egal, wie gut Sie versucht haben, Ihre Tochter auf den Beginn der Periode vorzubereiten, kann dies eine überaus schwierige Zeit sein. Zusammen mit der Entwicklung der Brüste und der Ausbildung der Hüften leitet dies das Ende der Kindheit und den Beginn des Frauseins ein.

Jungen entwickeln sich durchschnittlich etwa ein Jahr später als Mädchen, zumindest in Bezug auf sichtbare Veränderungen. Sie werden größer und muskulöser, der Bartwuchs und der Wuchs der Schamhaare beginnt. Ihre Stimme wird tiefer, ihre Hoden wachsen und sie treten ein in die höchst verwirrende Welt der Erektionen und Ejakulationen. Und wie bei den Mädchen wird ihre Haut plötzlich von Pickeln angegriffen, die wie kleine Vulkane im ganzen Gesicht explodieren.

Aber natürlich ist Pubertät nicht nur auf die Veränderung des Körpers beschränkt. Diese körperlichen Veränderungen erscheinen unbedeutend angesichts der emotionalen Auswirkungen der Pubertät. Von durch Hormone hervorgerufener Angst oder Depressionen bis hin zu den normalen Selbstwertproblemen der Teenager kann die Pubertät eine sehr schwierige Zeit sein. Die Teenies werden von einer Fülle von ganz neuen und unterschiedlichen Gefühlen, Trieben und Impulsen bestürmt, und in der Regel sind sie davon überzeugt, dass niemand auf der ganzen Welt sie so intensiv empfunden hat wie sie. Teenager stehen unter einem enormen psychischen Druck.

Nachdem sie ein Alter durchlebt haben, in dem jede Art des positiven Körperkontakts mit dem anderen Geschlecht noch weniger anziehend war als das Verzehren eines Schneckensandwichs, werden sie nun mit Gedanken und Sehnsüchten konfrontiert, die genauso verwirrend wie aufregend sind. Nachdem sie sich früher *niemals* richtig Gedanken über Sex gemacht haben, stellen sie plötzlich fest, dass sie *immer* über Sex nachdenken. Nachdem Sex ein großes Tabuthema war, ist er nun zu einem höchst interessanten Thema geworden.

Als Mutter oder Vater haben Sie die Gelegenheit, Ihrem Kind zu helfen, diese neuen Empfindungen nicht nur besser zu *verstehen*, Sie wissen auch, wie sie zu *kontrollieren* sind. Vor Tausenden von Jahren wurden die Schiffe der Seefahrer durch reinen Kraftaufwand gesteuert. Ruder waren viel wichtiger als Segel, denn bei den alten Segelschiffen konnten Segel nur gesetzt werden, wenn der Wind aus der richtigen Richtung blies. Waren sie nicht vorsichtig oder nahmen sie die Macht des Windes für selbstverständlich hin, konnten sie meilenweit vom Kurs abkommen, oder ihre Segel wurden vom Sturm zerfetzt. Im Laufe der Zeit lernten die Seeleute jedoch, die unglaubliche Macht des Windes zu kontrollieren und so zu nutzen, dass die Schiffe selbst unter extremen Wetterbedingungen noch zu steuern waren. So liegt es auch an Ihnen, Ihrem Kind verstehen zu helfen, was in seinem Körper vorgeht, und es in die Lage zu versetzen, seine Triebe und Emotionen zu kontrollieren, die Macht seines Sexualtriebes für sich und nicht gegen sich arbeiten zu lassen.

Top Tipp:

Die Hormone Ihres Kindes werden starke Triebe und Emotionen auslösen – es wird *Ihre* Hilfe brauchen, um zu lernen, diese Triebe und Gefühle zu kontrollieren.

Markenzeichen Mut

Darüber hinaus leben die jungen Menschen in einer Gesellschaft, die sie lehrt, sich wie Erwachsene zu benehmen. Und für Teenager ist der wichtigste Teil des Erwachsenseins ... der Sex. Erwachsene scheinen vom Sex besessen zu sein. Anscheinend ist er das Wichtigste auf der Welt – warum sonst wird so viel davon gesprochen? Sex scheint *die* Abkürzung zum Erwachsensein schlechthin zu sein. Darum geht es doch beim Erwachsensein; darum ist man erst richtig reif, wenn man »es« getan hat.

Wie die erste Rasur oder das Tragen des ersten Büstenhalters wird Sex häufig als offizielles »Markenzeichen« des Erwachsenseins betrachtet. Viele junge Leute haben das Gefühl, kein vollwertiger Mann oder keine vollwertige Frau zu sein wie ihre Freunde, die bereits angefangen haben, sich den Rasierschaum ins Gesicht zu klatschen oder einen tollen BH tragen. Das kann ihnen das Gefühl geben, außen vor zu stehen.

In diesem Alter ist es sehr wichtig, sich nicht von der

Masse abzuheben. Mädchen sind sich nicht nur der Veränderungen ihres Körpers sehr stark bewusst, sie beobachten auch sehr genau, welche Fortschritte ihre Freundinnen machen ... oder nicht machen. Wenn man als erstes Mädchen zum Beispiel Brüste entwickelt, während alle anderen noch flach wie ein Pfannkuchen sind, dann wird man vermutlich ausgelacht; doch wenn der eigene Körper noch keine Veränderungen zeigt, während alle anderen bereits BHs tragen, wird man ebenfalls ausgelacht. Wenn die Brust größer – oder kleiner – ist als die der anderen, kann einen dies zum Außenseiter machen. Die einzige Versicherung gegen Verlegenheit und emotionales »Exil« ist, dass alle *genau* dieselben Veränderungen in *genau* derselben Geschwindigkeit durchmachen, um den unablässigen Beurteilungen standzuhalten ... und das ist natürlich unmöglich.

Doch was auf die Entwicklung zutrifft, gilt auch für das *Verhalten.* Sex zu haben kann mythische Proportionen annehmen. Der Druck, zu tun, von dem man denkt, dass alle Freunde das auch tun, ist groß, auch wenn sich später herausstellt, dass sie es gar nicht tun! Obwohl Studien ergeben haben, dass nur einer von vier Jungen und eines von fünf Mädchen vor dem sechzehnten Lebensjahr Sex hat, wird den meisten Fünfzehnjährigen vorgegaukelt, sie allein hätten noch keine sexuelle Erfahrung.

Natürlich wäre es vernünftig von Ihrem Kind, alle möglichen Konsequenzen zu überdenken, bevor es den großen Schritt tut und Sex hat, auch wenn alle seine Freunde und Kameraden es bereits tun. Indem Sie regelmäßig mit ihm darüber sprechen, können Sie ihm helfen, mit gesundem Menschenverstand und Ehrlichkeit den emotionalen Druck auszugleichen, unter dem es steht. Auf diese

Weise werden mit der Entscheidung, die Ihr Kind trifft, sowohl sein *Kopf wie* auch sein *Herz* zufrieden sein, und natürlich sein Körper. Immerhin wird es mit den Konsequenzen zu leben haben, darum sollte es sich zumindest im Voraus darüber im Klaren sein!

Top Tipp:

Ihr Kind steht unter großem Druck, das zu tun, was die Freunde tun – es ist *Ihre* Aufgabe, ihm zu helfen, kluge Entscheidungen zu treffen.

»Ich weiß, was ich denken soll, sobald jemand es mir sagt!«

Teenager müssen mehr als wir anderen das Gefühl haben, geliebt und akzeptiert zu sein, nicht zuletzt von ihren Freunden und Kameraden. In der Pubertät sind die Kinder sehr verletzlich. Jeder Teenager versucht sich als Individium und seinen Wert zu etablieren. Achtzig Prozent der jungen Leute, so wird uns gesagt, sind unzufrieden mit ihrem Aussehen: Sie mögen ihre Nase nicht, ihr Haar, ihre Beine, ihre Hautfarbe, ihre Größe, ihr Gewicht, ihre Brille oder ihr gesamtes Erscheinungsbild! Ihr Selbstvertrauen kann extrem beeinträchtigt sein, und ihr Wunsch nach Billigung kann sie dazu bringen, Dinge zu tun, mit denen sie sich eigentlich nicht richtig wohl fühlen, nur weil sie aus mangelndem Selbstbewusstsein heraus nicht ablehnen können.

In dem berühmten alten Film *Denn sie wissen nicht, was*

sie tun spielt James Dean einen rebellischen Teenager, der verwirrt ist und seinen Eltern ständig Ärger macht. Er schließt sich den falschen Jugendlichen an und gerät mit der Polizei in Konflikt. Er und ein anderer Junge spielen ein seltsames Spiel. Sie fahren mit gestohlenen Wagen zum Rand einer Klippe, um zu sehen, wer von beiden den Mut hat, am längsten im Wagen zu bleiben. Als der andere Teenager stirbt, weil er nicht rechtzeitig aus dem Auto springt, bekommt Dean erst richtig Ärger. Doch der Grund für sein rebellisches Verhalten ist mangelndes Selbstwertgefühl. Sein Wunsch nach Anerkennung durch seine Altersgenossen ist so groß, dass er nicht einfach Nein sagen kann, ohne das Gefühl zu haben, sein Gesicht zu verlieren. Und darum tut er Dinge, die er eigentlich nicht tun *möchte*, nur weil er nicht gelernt hat, Nein zu sagen.

Genauso ist es auch in Bezug auf Sex. Junge Leute lassen sich häufig zu Dingen hinreißen, die sie eigentlich nicht tun möchten, nur weil sie die Anerkennung der Altersgenossen brauchen, die sie damit zu erringen hoffen. Sie fühlen sich in sich selbst und in ihrer eigenen Identität nicht stark genug, um für ihre Überzeugungen einzustehen, ungeachtet der Überzeugung anderer. Sie können das Wort »Nein« mit den Lippen vielleicht aussprechen, immerhin bekommen Sie als Eltern das ja oft genug zu hören, doch ihr Selbstvertrauen ist nicht immer so ausgeprägt, dass sie es laut aussprechen, wenn die Gefahr besteht, Ablehnung von ihren Freunden zu erfahren.

Nach einer Erhebung in meinem Heimatland Großbritannien werden jedes Jahr 8000 Mädchen unter sechzehn schwanger. Die meisten von ihnen haben es nicht auf Sex angelegt und schon gar nicht auf ein Baby! Ihrer Aussage nach haben sie sich einfach mitreißen lassen, haben Sex gehabt, ohne auch nur selbst zu *entscheiden* oder es zu wollen. Der Hauptgrund dafür, dass sie sich von der Leidenschaft mitreißen lassen, ist ganz einfach: »Ich konnte nicht Nein sagen.« In einer so empfindlichen Zeit des Lebens brauchen viele junge Leute die Bestätigung, die Sex ihnen geben kann – die Bestätigung, dass sie normal, attraktiv und begehrenswert sind. Denn wenn jemand mit einem schlafen will, dann kann man ja so übel nicht sein, nicht?

Es sind also nicht nur die Hormone und die Altersgenossen, die Ihr Kind dazu bringen, Sex zu haben, bevor es sich in einer idealen Welt dafür entscheidet. Es ist auch sein Wunsch, geliebt und akzeptiert zu sein. Wenn Ihr Kind sich Ihrer bedingungslosen Liebe nicht sicher ist, gerät es in die Gefahr, am falschen Ort nach Liebe zu suchen. Es könnte sich auf eine von Bedingungen abhängige Beziehung einlassen, nur weil es denkt, von irgendjemandem geliebt zu werden, auch wenn es der falsche Jemand ist, sei besser als nichts. Je mehr Sie also das Selbstvertrauen und das Selbstwertgefühl Ihres Kindes stärken, damit es erkennt, dass es wirklich attraktiv und von Ihnen geliebt ist, desto geringer ist die Gefahr, dass es jetzt oder in der Zukunft mit Sex experimentiert als einem Mittel der Bestätigung und Anerkennung von Freunden und Altersgenossen.

Top Tipp:

Je mehr Sie das Selbstvertrauen und Selbstwertgefühl Ihres Kindes stärken, desto geringer ist die Gefahr, dass es aus den falschen Gründen Sex hat.

Der Richtige

Als Eltern vollführen Sie häufig einen Drahtseilakt. Auf der einen Seite wollen Sie nicht den Zauber des Sex zerstören, andererseits wünschen Sie sich, dass Ihr Kind ihn im richtigen Kontext sieht. Sie möchten, dass Ihr Kind bewusst und kontrolliert handelt. Aber genau, weil Sie Ihrem Kind diesen Zauber erhalten wollen, ist es so wichtig, dass Sie es vorbereiten.

Wir alle möchten, dass die erste sexuelle Begegnung unserer Kinder etwas ganz Besonderes ist. Sie sollen zurücksehen und denken: »Ich bin froh, dass ich es getan habe!« Die Einstellung vieler Menschen zum Sex ist geprägt durch ihr erstes Mal. Bei einigen war dies vielleicht eine geplante und vorbereitete, vielleicht sogar lang ersehnte Begegnung, bei der Zeitpunkt, Partner, Ort und Atmosphäre mit Sorgfalt gewählt waren. Aber anderen ist dieses erste Mal nicht in so angenehmer Erinnerung geblieben. Es ist vielleicht passiert, bevor sie bereit waren. Sie hatten vielleicht den Eindruck, sie müssten es tun, weil entweder der Partner oder ihre Freunde sie dazu gedrängt haben.

Je stärker Sie sich bemühen, das Selbstwertgefühl Ihres Kindes zu stärken und ihm die Wahrheit in Bezug auf Sex und seine eigene Sexualität klarzumachen, desto mehr wird es selbst entscheiden können, wann, wo, warum und mit wem es es tut, und je größer ist Ihr Beitrag dazu, dass Ihr Kind Sex nicht nur das erste Mal, sondern jedes Mal genießen kann.

Indem Sie regelmäßig mit ihm darüber sprechen, sorgen Sie dafür, dass es aus den richtigen Gründen, mit dem richtigen Partner, zum richtigen Zeitpunkt Sex hat, und weil sowohl Ihr Kind als auch sein Partner es sich aufrichtig wünschen.

Top Tipp:

Indem Sie regelmäßig mit Ihrem Kind darüber sprechen, sorgen Sie dafür, dass es aus den richtigen Gründen, mit dem richtigen Partner, zum richtigen Zeitpunkt Sex hat … und weil es sich das wirklich wünscht.

3. »Die gute Neuigkeit ist ...«

Sex und Sexualität sind eine gute Sache

»Sex ist schmutzig, degradierend und widerlich. Darum heb es dir für deine Frau auf!«

Ein Freund von mir erzählt, dass dies der einzige Rat in Bezug auf Sexualität war, den er damals in den fünfziger Jahren bekommen hat. Doch obwohl er jetzt darüber lachen kann, gibt er zu, dass diese armselige Erklärung ihn jahrelang verwirrt hat. Eine Freundin erzählt, ihre Mutter würde ihr noch immer häufig sagen: »Du sollst wissen, wie stolz ich darauf bin, dass ich ‚rein' geblieben bin, bis ich deinen Vater heiratete!«

Trotz der Tatsache, dass Sex jeden Lebensbereich durchdringt oder vielleicht gerade deswegen, hat Sex keinen besonders guten Ruf. Vielleicht ist das ein Überbleibsel aus dem viktorianischen Zeitalter, aber wir neigen noch immer dazu, Sex als etwas Unappetitliches zu betrachten: »Schön, aber unanständig«. Jahrhundertelang haben viele »Wächter der Moral« in unserer Gesellschaft den gesamten Bereich der Sexualität als eine Art »notwendiges Übel« verdammt, als einen geheimen, beschämenden Teil des Lebens, ohne den wir aber auch nicht leben können. Im viktorianischen Zeitalter in England gab es einige, die sogar so weit gingen, die Sexualorgane an bekannten Statuen zu bedecken, wie zum Beispiel an der Londoner Bronzestatue des Achilles im Hyde Park. Vorsichtig angebrachte Feigenblätter wurden darüber gelegt von Menschen, die ein solches öffentliches Zurschaustellen von Nacktheit »unanständig« fanden und es sich zur Aufgabe machten, diese Dinge »präsentabler« zu gestalten.

Natürlich teilt nicht jedes Land der Welt unser Unbehagen in Bezug auf Sex und Nacktheit. Das ist von Land zu Land und von Kultur zu Kultur unterschiedlich. Während sich die Menschen in einigen mittelöstlichen Ländern noch mehr »bedecken« als wir, wird Nacktheit teilweise in anderen Ländern der Welt, seien es nun die wüsten Ebenen Afrikas oder die überfüllten Strände des Mittelmeeres, ohne mit der Wimper zu zucken geduldet. Und die Männer einiger Stämme in Papua Neu-Guinea treiben es auf die Spitze, denn ihre traditionelle Kleidung besteht aus nichts anderem als einem »Penisgürtel« – einer hohlen Röhre, die den Penis bedeckt und mit einem Lederband am Körper befestigt wird!

Es ist natürlich unwahrscheinlich, dass wir diese Gewohnheiten hier bei uns übernehmen. Zum einen ist das britische Klima viel zu kalt, selbst wenn der Gürtel mit Pelz gefüttert und von Giorgio Armani entworfen worden wäre! In unserem Land gibt es Wollhandschuhe und Wellington-Stiefel. Zum anderen ist es einfach nicht mit der weltbekannten britischen Zurückhaltung in Einklang zu bringen. Die meisten von uns neigen dazu, ihre kostbarsten Körperteile verborgen zu halten. Aber das Problem mit unserer recht klosterhaften Einstellung zu Nacktheit und Sex ist natürlich, dass wir uns unserer Sexualität schämen.

Wie die meisten Eltern freuten Corni und ich uns darüber, wenn unsere Kinder, als sie noch klein waren, so wie Gott sie geschaffen hatte, in unserem Haus herumliefen. Und kein Besucher hatte jemals etwas gegen eine so offene Zurschaustellung nackten Kleinkindfleisches einzuwenden. Das war vollkommen normal. Zwar ermutigen wir sie jetzt nicht mehr, diese Praxis fortzusetzen, trotzdem haben wir uns bemüht, dafür zu sorgen, dass sie sich ihrer Körper oder ihrer Sexualität nicht schämen. Bei unseren Gesprächen über Sex haben wir versucht, das, was wir ohne weiteres tun können, genauso sehr zu betonen wie das, was man nicht tun sollte. Natürlich haben wir sie vor möglichen Problemen, Gefahren und Fallstricken gewarnt, aber wir haben uns auch bemüht zu erklären, dass Sex unter den richtigen Umständen und mit dem richtigen Partner nicht nur gesund, sondern sogar wundervoll sein kann. Sie sollten nicht den Eindruck bekommen, dass dieser ganze Bereich beschämend und schmutzig ist, denn dann würden sie Sex vielleicht nicht richtig genießen können und sich vielleicht sogar noch schuldig fühlen, wenn sie ihn genießen. Und das ist mehr als nur unglücklich: Das kann katastrophale Folgen haben.

Top Tipp:

Seien Sie positiv. Denken Sie daran, dass Sex nichts ist, dessen man sich schämen müsste!

Ein kurzer Abriss der Geschichte des Sex

Vor der Französischen Revolution vor zweihundert Jahren schrieb Pierre Choderlos de Laclos ein Buch mit dem Titel *Dangerous Liaisons*, das die gehobene Gesellschaft in Aufruhr versetzte. Darin wird die Geschichte eines Mädchens erzählt, das frisch von der Klosterschule kommt und deren Sexualerziehung sich auf das beschränkte, was man nicht tun sollte. Vollkommen unvorbereitet auf die Leidenschaft und die Macht ihrer Gefühle und Sehnsüchte, kann sie nicht erkennen, wie etwas, das, wie ihr beigebracht worden war, ein »notwendiges Übel« war, das zum Wohle der Spezies zu ertragen, aber niemals zu genießen ist, so gut tun kann. Darum wird sie leichte Beute für einen jungen Aristokraten, der sie verführt, und nachdem er bekommen hat, was er wollte, wieder wegschickt. Die Zeiten haben sich vielleicht geändert, die menschliche Natur dagegen nicht, und Tausende Menschen stehen heutzutage vor genau demselben Problem.

Auf der Vorstellung, dass Sex nicht von ganzem Herzen genossen werden dürfte, lastet das Gewicht vieler Jahrhunderte. Teilweise ist sie zurückzuführen auf die allgemein verbreitete Vorstellung, der *eigentliche* Grund für Sex sei es, Kinder zu zeugen. Der heilige Augustin, der, bevor er Christ wurde, ein rechter Weiberheld war und der einmal gebetet hat: »Herr, mach mich keusch … aber noch nicht!«, war sogar der Meinung, es sei eine Sünde, Sex aus einem anderen Grund zu haben, als Kinder zu zeugen! Zum Glück waren die Kirche und die europäische Gesellschaft im Laufe der Jahrhunderte nicht bereit, so weit zu gehen, eine Tatsache, der viele von uns ironischerweise ihre Existenz verdanken.

Trotzdem ließ sich die Meinung, der Mensch dürfe keine Freude am Sex haben, nicht so ganz aus der Welt schaffen. Während des achtzehnten und neunzehnten Jahrhunderts waren getrennte Schlafzimmer für Mann und Frau in der besseren Gesellschaft üblich. Obwohl die Menschen an Sex ganz offensichtlich genauso interessiert waren wie immer, gestanden nur wenige ein, ihn zu mögen. »Er ist notwendig, um die menschliche Rasse zu erhalten«, wurde gesagt, »aber er ist schmutzig und wird am besten nur nachts und im Dunkeln praktiziert.«

Um 1900 fasste eine gewisse Lady Alice Hillingdon die allgemeine Haltung zusammen, als sie bemerkte: »Ich bin froh, dass [mein Mann] Charles jetzt weniger in mein Schlafzimmer kommt als früher. Mittlerweile erdulde ich nur noch zwei Begegnungen in der Woche, und wenn ich seine Schritte vor meiner Tür höre, lege ich mich auf mein Bett, schließe die Augen, spreize die Beine und denke an England.« Falls die Erde für Lady Hillingdon bebte, dann hat sie ganz bestimmt nichts davon verlauten lassen!

In den zwanziger und dreißiger Jahren kamen die »Zwillingsbetten« in Mode: identische Einzelbetten, die nebeneinander aufgestellt wurden, häufig mit einem Nachttisch dazwischen. Dies mag wie eine Verbesserung wirken, war aber noch immer nicht der Gipfel unbehinderter Leidenschaft! Bestenfalls wuchsen junge Leute in dem Glauben auf, dass Sex das »bestgehütete« Geheimnis der Gesellschaft war; schlimmstenfalls wurde ihnen der Eindruck vermittelt, dass Sex *erduldet* werden musste, nicht *genossen* werden kann.

Nachdem Sex nun offen gelegt worden war, könnte man leicht annehmen, dass diese Art des Denkens Geschichte geworden ist wie Lady Hillingdon selbst. Doch leider ist es weit davon entfernt, tot und begraben zu sein. Obwohl diese Vorstellung seinen Weg in fast jeden Lebensbereich gefunden hat, sind die mit Sex in Zusammenhang stehenden Bilder häufig negativ oder manipulierend. Wie oft sieht man im Fernsehen oder Kino zum Beispiel eine heiße Sexszene zwischen einem liebenden Ehemann und seiner Frau? In den meisten Schlafzimmerszenen zwischen Eheleuten werden Bücher, Lesebrillen und Flannellnachthemden gezeigt, aber selten auch nur die Andeutung von Leidenschaft, Vergnügen oder positive Sexualität; das ist fast ausschließlich heißen, außerehelichen Affären vorbehalten.

Sex wird zwar geradewegs in Ihr Wohnzimmer ausgestrahlt, über Radiowellen gesendet und auf Plakaten an jeder Straßenecke dargestellt, doch kaum einmal kann Ihr Kind ihn positiv in einer liebevollen und stabilen Beziehung erleben. Obwohl sich die meisten von uns für ihre Kinder eine erfüllte und glückliche sexuelle Beziehung zu einem Partner wünschen, und die meisten Teenies wünschen sich das auch, so ist das, was sie von der Gesellschaft im Allgemeinen über Sex erfahren, doch weit von diesem Ideal entfernt.

Mit anderen Worten: Es reicht nicht, Ihrem Kind zu sagen, was es in Bezug auf Sex nicht tun sollte. Wenn Sie ihm nicht auch eine positive, gesunde Einstellung zu Sex und Sexualität vermitteln, laufen Sie Gefahr, dass Ihr Kind entweder nur geringe Erwartungen hat oder ausgeprägte Schuldgefühle. Wenn Sie einen Partner haben, scheuen Sie sich nicht, auch vor Ihrem Kind zu schmusen, natürlich im Rahmen und nicht zu freizügig. Aber es ist wichtig zu zeigen, dass Sex und Sexualität wirklich etwas Gutes sind und dass die sexuelle Leidenschaft nicht mit der Vollendung des einundzwanzigsten Lebensjahres aufhört!

Top Tipp:

Wenn Sie Ihrem Kind nicht eine positive, gesunde Einstellung zu Sex und Sexualität vermitteln, wird es Schuldgefühle entwickeln, wenn ihm Sex Spaß macht!

Die ganze Geschichte

Bei der *Sexualität* geht es um mehr als nur um Sex. Es geht um das Menschsein. Unsere Sexualität ist Bestandteil unserer Persönlichkeit. Sie ist, was uns zu einem Mann oder einer Frau macht, obwohl sie ihren Ausdruck vorwiegend in den Dingen findet, die Männer und Frauen voneinander unterscheiden: Die Art, wie wir denken und empfinden, und vor allem, wie wir aussehen. Hüften, Lippen, Brust und Gesäß gehören zu den offensichtlichsten körperlichen Unterschieden, ganz zu schweigen von den Genitalien, tatsächlich kann aber fast jeder Teil der menschlichen Anatomie sexuell höchst stimulierend sein: Hände, Beine, Füße, Hals, Bauch, Nase, Augen, Ohren, Haar. Die Leute bemerken und schätzen die Unterschiede.

In dem, was wir unseren Kindern über Sexualität weitergeben, geht es also darum, ihnen etwas über das Menschsein beizubringen. Wenn wir uns in Bezug auf Sex zurückhaltend verhalten, riskieren wir, ihnen den Eindruck zu vermitteln, mit ihnen und ihren Empfindungen wäre nicht alles in Ordnung. Früher oder später wird Ihr Kind die Entscheidung treffen, wann, wo und mit wem es Sex haben will. Wenn diese Entscheidung informiert und verantwortungsbewusst getroffen werden soll, werden Sie auf eine natürliche, positive und wertfreie Art mit ihm im Gespräch über dieses Thema bleiben müssen. Wichtig ist also, Ihrem Kind zu vermitteln, dass Sexualität etwas *Gutes* ist. Nichts, dessen man sich schämen oder das man unterdrücken müsste.

Ihr Kind muss die Gewissheit bekommen, dass es nicht falsch ist, wenn ihm beim Anblick eines attraktiven Vertreters des anderen Geschlechts in einem überfüllten Raum die Augen aus den Höhlen treten: Es ist ein schöner Anblick! Sexuelle Anziehungskraft gehört zum Wesen des Menschen, auch wenn sie nicht erwidert wird.

Aber natürlich hat die Sexualität eines Menschen genauso viel mit seinem Charakter wie mit seinem Körper zu tun. Eine Frau findet einen Mann vielleicht attraktiv, weil er freundlich oder umsichtig ist oder weil er sie zum Lachen bringt, trotz der Tatsache, dass er den Körperbau eines Sumuringers hat. Und es ist nicht wichtig, wie gut eine Frau aussieht, wenn sie Charme, Herzlichkeit und Persönlichkeit besitzt. Wenn Ihr Kind sich also auf die Suche macht nach einem Freund oder einer Freundin, dann muss es lernen, dass Schönheit und echter Sexappeal tiefer gehen und nicht am äußeren Erscheinungsbild festzumachen sind.

TEIL 2

Reden wir doch Klartext!

Die Fakten auf den Tisch

4. »Etwas Seltsames ist unterwegs passiert ...«

Die möglichen Fallen

Wenn Sex und Sexualität nun also etwas Positives sind, könnten Ihre Kinder fragen, warum sollen sie das dann nicht nach Lust und Laune ausleben? Warum können sie dann nicht durch die Betten hüpfen, wie ihnen zumute ist?

Nun, dass etwas natürlich oder ein Teil von uns ist, bedeutet nicht, dass es immer richtig oder gesund ist, dies auszuleben. Es gibt eine feine Linie zwischen »*Ge*brauch« und »*Miss*brauch«. Nur weil wir zum Beispiel Muskeln haben, können wir nicht herumlaufen und sie gebrauchen, um Menschen zu schlagen, wann immer uns danach ist. Und nur weil der Wissenschaftler in *Jurassic Park* die nötige Technologie zur Verfügung hatte, Dinosaurier zu klonen, war es keine gute Idee, dies tatsächlich auch zu tun. Wie einer der Darsteller im Film sagt, die Wissenschaftler von *Jurassic Park* waren so damit beschäftigt herauszufinden, was sie schaffen *konnten*, dass sie nie darüber nachgedacht haben, was sie tun *sollten*.

Die Fehler der Leute in *Jurassic Park* haben tödliche Konsequenzen. Glücklicherweise sind Fehler auf sexuellem Gebiet nur selten tödlich. (Obwohl, wie wir noch sehen werden, sexuell übertragene Krankheiten wie AIDS tatsächlich auch zum Tod führen können.) Trotzdem, die Tatsache, dass Sex im Grunde genommen gut ist, bedeutet nicht automatisch, dass Sex immer gut ist. Manchmal können die Folgen des sexuellen Verkehrs sogar zwischen Erwachsenen, die dies im beiderseitigen Einverständnis tun, für einen oder auch für beide schädlich sein.

Ihr Kind hat vielleicht das Gefühl, für den Sex bereit zu sein. Es *will* Sex haben. Aber wie »richtig« es ihm auch erscheint, es muss sorgfältig über die möglichen Konsequenzen nachdenken, bevor es mit einem Partner ins Bett hüpft. Es muss überlegen, wo, wann, warum, wie und mit wem es Sex haben möchte, und nicht jede Gelegenheit beim Schopf packen, die sich ihm bietet.

Top Tipp:

Sex ist etwas Gutes, aber Sie müssen Ihrem Kind helfen zu erkennen, dass Sex nicht immer und mit jedem gut ist.

»Talk a Walk on the Wild Side« – Wer sich in Gefahr begibt …

Wir brauchen gar nicht groß zu überlegen, inwiefern Sex manchmal auch äußerst schädliche Konsequenzen haben kann. Es gibt einige nicht zu unterschätzende Risiken. Das erste und offensichtlichste Risiko ist das der ungewollten Schwangerschaft.

Jedes Jahr wird, wie wir bereits gesehen haben, in Großbritannien bei etwa 8000 jungen Mädchen unter sechzehn durch eine ungewollte Schwangerschaft das Leben auf den Kopf gestellt. Bei einigen ist dies eine bewusste Entscheidung: Sie wünschen sich jemanden, der sie braucht oder sie bedingungslos liebt, und sie hoffen, ein Baby könnte genau dieses Bedürfnis erfüllen. Vielleicht sind sie aber auch auf der Suche nach einem Sinn im Frausein oder nach Unabhängigkeit. Vielleicht wünschen sie sich aber auch ein Baby so sehr, dass sie nicht mehr warten wollen. Die überwiegende Mehrheit jedoch wird unbeabsichtigt schwanger. Es gibt Schätzungen, dass neunzig Prozent dieser Schwangerschaften von Mädchen zwischen fünfzehn und neunzehn ungewollt waren.

Die meisten unbeabsichtigten Schwangerschaften entstehen, weil die Leute nicht informiert oder schlecht vorbereitet sind. Darum ist es wichtig, dass Sie mit Ihren Kindern über Empfängnisverhütung und Schwangerschaft sprechen. Sie wären erstaunt, wie viele Mythen, Halbwahrheiten, Altweibergeschichten und ausgesprochene Lügen noch immer in Teenagerkreisen die Runde machen. Das Kinsey Institut, Amerikas bekanntes Forschungsinstitut zum Thema Sex, Geschlecht und Fortpflanzung, bekommt jedes Jahr unzählige Briefe von Teenagern, die bestimmte Fragen im Zusammenhang mit Sexualität haben und sich nicht trauen, mit ihren Eltern oder Lehrern darüber zu sprechen. Zu den häufigsten Fragen gehören die folgenden:

* Kann ich schwanger werden, wenn ich das erste Mal Sex habe?
* Kann ich während meiner Periode schwanger werden?
* Kann ich schwanger werden, wenn meine Periode noch gar nicht eingesetzt hat?
* Kann ich schwanger werden, wenn ich Sex im Stehen habe?

* Kann ich schwanger werden, wenn mein Freund seinen Penis herauszieht, bevor er kommt?
* Kann ich schwanger werden, wenn ich Sex im Wasser habe?

Die Antwort auf alle diese Fragen lautet natürlich ja. Aber die Tatsache, dass junge Leute sie überhaupt stellen, zeigt, dass sie hoffen, die Antwort auf eine davon wäre vielleicht doch nein. Als Eltern haben Sie darum die Aufgabe, diese Mythen zu zerstreuen.

Top Tipp:

Als Eltern ist es Ihre Aufgabe, dafür zu sorgen, dass sich Ihr Kind über das Risiko einer ungewollten Schwangerschaft im Klaren ist.

»Es wird schon schief gehen ...?!«

Es ist jedoch nicht nur Unwissenheit der Tatsachen, die zu einer zufälligen oder ungewollten Schwangerschaft führen. Eine alarmierende Anzahl von Teenagern, die über die möglichen Gefahren einer Schwangerschaft oder sexuell übertragener Krankheiten Bescheid wissen, gehen trotzdem inakzeptable Risiken ein, weil sie zwar wissen, dass das passieren kann, doch sie glauben einfach nicht, dass es ihnen passieren wird.

Nur wenige von uns können ein Risiko gut einschätzen. Die Gefahr, dass jemand zum Beispiel von einem Blitz getroffen wird, dürfte bei zehn Millionen zu eins liegen.

Darum ist es kaum erstaunlich, dass nur wenige von uns sich die Mühe machen, sich vor der Gefahr eines Blitzschlags zu schützen, wenn wir morgens das Haus verlassen. Wir denken, dass es uns schon nicht treffen wird, und wir haben Recht – so etwas stößt nur fünf oder sechs Menschen im Jahr zu. Dagegen ist die Gefahr, dass ein Mädchen bei uns in Großbritannien zwischen fünfzehn und neunzehn unbeabsichtigt schwanger wird, nur siebzehn zu eins. Das bedeutet, dass jedes Jahr etwa sechs von hundert Mädchen unbeabsichtigt schwanger werden!

Einige Frauen hoffen Jahr um Jahr darauf, schwanger zu werden, und es gelingt ihnen nicht. Und schließlich entscheidet sich eine Reihe von ihnen für die Möglichkeit der künstlichen Befruchtung, wie zum Beispiel der In-Vitro-Fertilisation (IVF), der bekannten Methode des »Retortenbabys«. Eine kleine Anzahl von ihnen entscheidet sich sogar für die Technik der »künstlichen Befruchtung durch Spender« (AID), wobei das Ei oder das Sperma des Partners mit Sperma oder einem Ei eines anonymen Spenders befruchtet wird, bevor es in die Gebärmutter eingesetzt wird, wo es sich normal entwickeln kann. Aber viele andere Frauen können ganz problemlos schwanger werden und werden es sogar, wenn sie bewusst versuchen, es nicht dazu kommen zu lassen.

Und so sind natürlich auch manche Männer fruchtbarer als andere. Fruchtbarer zu sein macht sie nicht »männlicher«, so wie die Tatsache, dass sie weniger fruchtbar sind, sie nicht unmännlicher macht. So ist das einfach. Es gibt viele Gründe, warum einige Menschen fruchtbarer oder weniger fruchtbar sind als andere.

Meine Frau Cornelia und ich haben vier Kinder, und obwohl *alle* von ihnen gewollt sind, war *keines* von ihnen geplant. Jedes kam als eine angenehme Überraschung. Es war jedoch so, dass ich berufsbedingt viel unterwegs sein musste, und Corni witzelt, wir hätten es nur viermal versucht ... mit einer 100-prozentigen Erfolgsrate! Aber wenn das einem verheirateten Ehepaar über zwanzig passieren kann, das eigentlich über Verhütungsmittel Bescheid wissen sollte, was muss das erst für zwei Teenager bedeuten, die ihre ersten vorsichtigen Schritte auf dem sexuellen Superhighway unternehmen. Die traurige Wahrheit ist, dass weniger als die Hälfte aller Mädchen im Teenageralter bei der ersten sexuellen Begegnung *keinerlei* Verhütungsmittel benutzt. Als Folge davon entsteht die Hälfte aller Erstschwangerschaften innerhalb von etwa sechs Monaten nach dem ersten sexuellen Kontakt eines Mädchens.

Top Tipp:

Lassen Sie nicht zu, dass Ihr Kind sich verleiten lässt zu glauben, ihm könnte das nicht passieren – helfen Sie ihm, seine Entscheidung in Kenntnis aller Tatsachen zu treffen.

Baby, Baby ...

Es gibt keine schwerwiegenderen Folgen von Sex als die Zeugung eines menschlichen Lebens, ob eine Schwangerschaft nun geplant ist oder zufällig entsteht. Vor allem, wenn man schwanger wird, ohne vorher überlegt zu haben, wie das Leben des Kindes verlaufen soll. Darüber muss ernsthaft nachgedacht werden, da eine ungewollte

Schwangerschaft für ein Mädchen sehr schwerwiegende Konsequenzen haben kann. Es sollte wissen, wie es mit dieser neuen Situation umgehen will. Ihre Kinder sollten anfangen, sich darüber Gedanken zu machen, bevor sie in eine solche Situation kommen.

Diejenigen, die ungewollt schwanger geworden sind, haben im Grunde genommen drei Möglichkeiten: Schwangerschaftsabbruch, das Kind zur Adoption freigeben oder das Kind behalten.

1. Abtreibung. Jedes Jahr werden Tausende Abtreibungen vorgenommen. Mehr als ein Drittel aller schwangeren Frauen zwischen fünfzehn und neunzehn und die Hälfte aller schwangeren Mädchen zwischen dreizehn und fünfzehn beenden ihre Schwangerschaft durch eine Abtreibung. Der medizinische Fachausdruck dafür lautet »Abbruch«. Dies ist eine schwerwiegende Entscheidung. Wie mit allen operativen Eingriffen ist auch mit einer Abtreibung ein gewisses Risiko verbunden. Sie kann langfristige Konsequenzen nach sich ziehen, wie zum Beispiel das Gefühl des Verlustes, Schuldgefühle und Reue sowie körperliche Nebeneffekte wie innere Blutungen oder gelegentlich sogar Unfruchtbarkeit.

Abtreibung ist und bleibt ein heiß umstrittenes Thema. Einige Leute sind davon überzeugt, dass ein solcher Eingriff moralisch falsch ist, während andere darauf bestehen, dass es das fundamentale Recht der Frau ist zu entscheiden, ob sie ein Kind haben möchte oder nicht. Doch die meisten Frauen, die eine Abtreibung vornehmen lassen, haben das Gefühl, eben keine Wahl zu haben. In ihren Augen ist dies die einzige Möglichkeit. Vielleicht können sie oder ihre Familie es sich einfach nicht leisten, ein Kind großzuziehen. Vielleicht sind sie emotional noch nicht bereit und haben nicht die nötige Unterstützung ihrer Familie und von Freunden. Es gibt viele Gründe für eine Abtreibung, aber die meisten haben eines gemein: Wenn die Betroffenen einen realistischen Ausweg sehen würden, würden sie ihn nehmen.

Sie müssen Ihrem Kind das ganz klar und deutlich erklären, damit es in seine Überlegungen, ob es Sex haben will oder nicht, mit einfließt, denn Abtreibung ist weniger eine Möglichkeit als eher ein Zeichen dafür, dass es keine andere Möglichkeit mehr hat.

2. Adoption. Viele junge Frauen entscheiden sich gegen einen Schwangerschaftsabbruch. Sie haben das Gefühl, die Sache bis zur Geburt durchstehen zu müssen. Eine Reihe von ihnen jedoch beschließt, das Baby nach der Geburt zur Adoption freizugeben. Sie tun dies, weil sie keine Möglichkeit sehen, das Kind zu behalten; vielleicht wollen sie ihre Ausbildung fertig machen, oder sie haben das Gefühl, den Pflichten einer Mutter noch nicht gewachsen zu sein. Einige sind auch davon überzeugt, dass andere besser darauf vorbereitet sind und ihrem Kind die Liebe und Unterstützung geben können, die es braucht.

Dies ist keine leichte Entscheidung, das kann man sich sicher gut vorstellen. Es kann einem das Herz zerreißen, ein Baby wegzugeben, das man neun Monate in sich getragen hat, ob man das Kind nun wollte oder nicht. Tatsächlich ist es so, dass viele junge Frauen es schließlich dann doch nicht schaffen, das Baby wegzugeben. Und diejenigen, die es schaffen und ihr Kind weggeben, trauern manchmal noch Jahre später und leiden unter großen Schuldgefühlen.

Und eine so schwerwiegende Entscheidung beeinflusst nicht nur die Mütter. Wie liebevoll die Adoptiveltern auch sein mögen, die meisten adoptierten Kinder werden von Fragen geplagt wie: Warum hat meine Mutter mich weggegeben? War es mein Fehler? War etwas mit mir nicht in Ordnung? Mit achtzehn, sobald ihnen das vom Gesetz gestattet ist, fangen einige an, ihre leiblichen Eltern zu suchen. (Den leiblichen Eltern verbietet es das Gesetz, von sich aus den Kontakt zu ihren Kindern herzustellen.) In der Regel wollen die Kinder Antwort auf die Frage: Warum hast du mich weggegeben? Andere werden von Gefühlen der Unzulänglichkeit geplagt, und wie irrational diese Gefühle auch sein mögen, sie verschwinden nicht.

3. Annahme. Das Kind zu behalten ist jedoch keine leichtere Möglichkeit. Eine Schwangerschaft kann eine wundervolle Erfahrung, aber auch sehr schmerzhaft und unbequem sein. Jede Schwangerschaft verläuft anders, und selbst wenn eine Frau mehrere Kinder bekommt, ist nicht eine Schwangerschaft wie die andere. Einige Schwangerschaften sind weniger problematisch und traumatisch als andere.

Morgendliche Übelkeit, Rückenschmerzen, Essensgelüste, geschwollene Beine, Schlafen in Rückenlage, häufiger Toilettenbesuch (selbst wenn man gerade gewesen ist), unmoderne Kleidung in wenig schmeichelhaften Größen … schwangere Frauen leiden in unterschiedlichem Maße unter einigen oder allen diesen Beschwerden. Mit der nötigen emotionalen und finanziellen Unterstützung von Familie und Freunden kann eine Schwangerschaft wunderschön sein. Aber wenn niemand da ist, der den plötzlichen Heißhunger auf eine Schokoladenpizza versteht, kann es schwierig werden. Außerdem ist die Erziehung eines Kindes teuer. Selbst mit emotionaler Unterstützung von Familienmitgliedern oder Freunden, die bereit sind, praktische Hilfe zu leisten, kann es bei angespannter finanzieller Situation schwierig sein, ein Kind zu haben.

Wie froh Teenagermütter auch darüber sein mögen, das Kind behalten zu können, betrauern sie häufig den Verlust ihrer Freiheit und ihres sozialen Lebens. Es ist, als würde die Verantwortung für das Kind sie ihrer Jugend berauben in einer Zeit ihres Lebens, in der sie noch jung sein *dürfen*. Ihre gesamte Welt dreht sich nur noch um ein winziges Persönchen, das nichts anderes tut, als essen, schlafen, weinen und sie mitten in der Nacht aufzuwecken ... *jede* Nacht. Ganz zu schweigen von dem ständigen Windelwechseln!

Offensichtlich ist keine dieser drei Möglichkeiten ideal. Aber genau darum ist es so wichtig, mit Ihren Kindern über Empfängnis und Empfängnisverhütung zu sprechen, lange bevor sie sich über solche Dinge den Kopf zerbrechen müssen. Wie es so schön heißt, ein Stich zur rechten Zeit erspart neun Stiche!

Top Tipp:

Warten Sie nicht, bis es zu spät ist, um mit Ihrem Kind über Empfängnis und Empfängnisverhütung zu sprechen. Nehmen Sie das Thema *sofort* in Angriff!

»Dazu braucht man zwei, Liebling!«

Eine Schwangerschaft betrifft natürlich nicht nur junge Frauen. Was ist denn mit den Vätern? Sie können zwar nicht selbst schwanger werden, doch viele junge Männer sind tief erschüttert von dem Wissen, ein Mädchen geschwängert zu haben. Ein paar freuen sich, andere sind entsetzt. Manche leugnen die Realität und tun so, als sei es niemals passiert, oder behaupten sogar, dass eigentlich ein anderer der Vater sei. Wieder andere stellen sich ihrer Verantwortung.

Wenn vor dreißig Jahren ein Junge ein Mädchen geschwängert hatte, wurde von ihm erwartet, dass er »das Richtige« tat und das Mädchen heiratete. Diese Eheschließungen waren die so genannten »Gewehrheiraten«, weil man sich vorstellte, dass der Vater des Mädchens, wenn der Junge zögerte, ihn mit dem Gewehr im Rücken durch die Kirche treiben und ihm ein Angebot machen würde, das er nicht ablehnen konnte! Heute liegen die Dinge anders. Jungen, die ihre Freundinnen außerhalb der Bindung der »heiligen Ehe« schwängern, haben keinen Einfluss mehr auf das, was als Nächstes passiert, und ihre Rolle ist durchaus nicht klar definiert. Ihre Möglichkeiten oder die Möglichkeiten, die ihnen geboten werden, sind zum Beispiel:

- vollkommener Ausschluss
- gelegentlicher Zugang zum Kind
- Annahme eines Jobs, um für den Unterhalt des Kindes zu zahlen
- Einzug bei den Eltern des Mädchens
- Eheschließung.

Dies kann eine sehr traumatische und verwirrende Zeit

sein, und wenige Teenagerväter fühlen sich bereit, die große Verantwortung des Elterndaseins auf sich zu nehmen.

Und darum müssen Sie sofort anfangen, mit Ihrem Sohn zu reden, bevor es zu spät ist. Vor allem jüngere Mädchen sind während einer leidenschaftlichen Begegnung häufig wenig bereit, das Thema der Empfängnisverhütung anzusprechen, was in der Regel Kondome bedeutet, und Jungen wehren häufig schnell ab, wenn sie es doch tun. Außerdem zögern sie, Kondome mit sich herumzutragen, damit sie nicht als »Schlampe« abgestempelt werden. Darum sprechen Sie mit Ihren Kindern ernsthaft über die Notwendigkeit, die volle Verantwortung für ihr sexuelles Verhalten zu übernehmen, und geben Sie ihnen alle Informationen über Kondome und Empfängnisverhütung, die sie brauchen.

Top Tipp:

Machen Sie Ihrem Kind klar, dass die Verantwortung für das Vermeiden einer ungewollten Schwangerschaft nicht nur bei der Frau liegt!

»I Left My Heart in San Francisco«

Nach einer Umfrage haben 54 Prozent aller sexuell aktiven 16- bis 24-Jährigen keine Angst davor, HIV-positiv zu werden oder AIDS zu bekommen. Zum Teil ist dies dieselbe Kopf-in-den-Sand-Mentalität, die einen ähnlichen Prozentsatz davon überzeugt sein lässt, beim ersten Mal Sex würde nicht das Risiko einer Schwangerschaft bestehen. Aber wenn auch die Haltung dieselbe ist, die möglichen Folgen eines solchen Ignorierens der Risiken sind beträchtlich gefährlicher.

Acquired Immune Deficiency Syndrome (erworbenes Immunschwächesyndrom, Anm. d. Übers.) oder AIDS bekam seinen Namen 1983, als den Wissenschaftlern klar wurde, dass dies nicht nur ein identifizierbarer medizinischer Zustand, sondern dass er auch nicht nur auf die Gruppe der Homosexuellen beschränkt war. Vor diesem Zeitpunkt waren die Mehrheit der Patienten homosexuelle Männer in den Vereinigten Staaten, vor allem in San Francisco. Bevor dieser Zustand den Namen AIDS erhielt, war er bekannt als Gay Related Immune Deficiency oder GRID (Immunschwäche im Zusammenhang mit Homosexualität, Anm. d. Übers.). Niemand weiß genau, wie es entstand, und unter den Wissenschaftlern herrschen noch immer große Meinungsunterschiede, welchen Schaden genau es anrichtet und wie es zu bekämpfen ist. Aber eines ist klar: Es ist keine »Schwulenplage« mehr, falls es das je gewesen ist. Die Mehrheit der AIDS-Kranken sind heutzutage heterosexuell veranlagte Menschen aus Zentralafrika.

Wenn ein Mensch AIDS hat, dann funktioniert sein Immunsystem – der Abwehrmechanismus des Körpers gegen Krankheiten – nicht mehr richtig. Dies ist ein Zustand, keine Krankheit. Niemand stirbt an AIDS; vielmehr sterben die Patienten an sekundären Krankheiten, wie zum Beispiel Lungenentzündung, die normalerweise bei Menschen mit intaktem Immunsystem heilbar ist. Die Ursache hierfür ist ein Virus – HIV, Human Immunodeficiency Virus (menschlicher Immunschwächevirus,

Anm.d.Übers.), der das Immunsystem eines Menschen angreift und ihn unfähig macht, Krankheiten abzuwehren.

Obwohl tödlich, ist der HIV ein »spröder« Virus, was bedeutet, dass er im Gegensatz zu vielen anderen Viren nicht lange außerhalb des Körpers überleben kann. Deshalb kann er nicht über die Luft übertragen werden oder sich infektiös (durch Nähe) oder ansteckend (durch Berührung) verbreiten. Das ist nur durch den Austausch von Körperflüssigkeiten wie Blut oder Sperma von einem Menschen auf einen anderen möglich. Und da Blut für Bluttransfusionen mittlerweile routinemäßig überprüft wird, um den HIV aufzuspüren, kann ein Mensch eigentlich nur noch AIDS bekommen, wenn er für Drogen benötigtes Injektionsbesteck mit einem anderen teilt oder Sex mit einer infizierten Person hat.

Da HIV einen Menschen nicht limonengrün werden oder einen zweiten Kopf wachsen lässt, ist es sehr schwer zu erkennen, wer daran erkrankt ist. Wie die meisten Viren kann er eine lange Inkubationszeit haben, was bedeutet, es ist durchaus möglich, dass ein Mensch jahrelang HIV-infiziert ist, bevor AIDS ausbricht. Wissenschaftler vermuten sogar, dass einige Menschen »Träger« des Virus sind, ohne dass AIDS überhaupt bei ihnen ausbricht. Das bedeutet natürlich, dass man auch ohne sein Wissen HIV-infiziert sein kann. HIV ist nicht wählerisch, es wird jeden angreifen. Ob jung oder alt, Mann oder Frau, schwarz oder weiß, homosexuell oder heterosexuell. Es ist ihm egal, ob Sie ein so schlechtes Leben geführt haben, dass sogar Hitler vor Scham errötet wäre, oder so gut, dass Mutter Teresa grün vor Neid geworden wäre. Und es macht keinen Unterschied, ob Sie jeden Tag Sex gehabt haben, zweimal pro Tag, unzählige Jahre lang oder zum ersten Mal. Die Chancen der Ansteckung sind genau dieselben. Wenn Sie Sex mit jemandem haben, der HIV-infiziert ist, dann laufen Sie Gefahr, es selbst zu bekommen. Und das kann schließlich zu AIDS führen.

Top Tipp:

Achten Sie darauf, dass Ihr Kind über AIDS Bescheid weiß – lassen Sie es nicht an Unwissenheit sterben.

Die gar nicht so magischen Sieben

In den letzten Jahren hat sich AIDS an die Spitze der sexuell übertragenen Krankheiten gesetzt. Und doch ist das längst nicht die einzige Krankheit, die Ihre Kinder bekommen können, wenn sie sich auf ungeschützten Sex einlassen. Tatsächlich wird geschätzt, dass in britischen Krankenhäusern jährlich etwa 500 000 neue Fälle anderer sexuell übertragener Krankheiten behandelt werden. Von den sieben häufigsten werden zwei, wie zum Beispiel AIDS, durch einen Virus hervorgerufen, für den es noch kein Heilmittel gibt, während die anderen fünf die Folge von bakteriellen Infektionen sind und normalerweise mit Penicillin oder anderen Antibiotika behandelt werden.

Herpes (virulent) Jucken und Brennen der Haut im Genitalbereich. Klare Blasen entstehen; geht manchmal zusammen mit Kopfschmerzen, Fieber und Muskelschmerzen. Symptome verschwinden meist innerhalb von drei Wochen, aber der Virus bleibt im Körper und kann jederzeit wieder aktiv werden.

Genitalwarzen (virulent) sind weiche, schmerzlose Warzen, die auf dem oder im Bereich der Genitalien wachsen. Sie sind mehr eine Plage als ein Problem, trotzdem können sie bei der späteren Entwicklung von Krebs im Bereich der Zervix oder des Penis eine Rolle spielen. Obwohl sie genauso wie andere Warzen entfernt werden können, gibt es kein Heilmittel für den Virus, der sie verursacht.

Syphilis (bakteriell) zeigt frühe Symptome in Form von harten, schmerzlosen Geschwüren im Genitalbereich. Wenn diese nicht behandelt werden, kann es zu Fieber, Kopfschmerzen, Halsschmerzen und Hautausschlag kommen. Danach scheinen die Symptome zu verschwinden, doch in einem Drittel der Fälle kehren sie zurück, manchmal richten sie ernsthafte Schäden am Herzen oder im Nervensystem an.

Schanker (bakteriell) ist ein Geschwür entweder auf dem Penis oder in der Nähe der Vagina, das sich mit Eiter füllt und sehr schmerzhaft ist.

Gonorrhö (bakteriell), allgemein bekannt als »Tripper«, beginnt mit einem brennenden Gefühl beim Wasserlassen und der Produktion einer gelblichen Flüssigkeit in der Harnröhre. Unbehandelt kann sich diese Krankheit im Körper ausbreiten und Entzündungen der Prostatadrüse bei Männern oder des Unterleibs bei Frauen hervorrufen.

Genital Chlamydien (bakteriell) zeigt ähnliche Symptome wie die meisten Fälle von Gonorrhö.

Unterleibsentzündung (bakteriell) wird häufig durch Gonorrhö oder Chlamydien hervorgerufen. Entzündungen der Eileiter, oft auch Vernarbung. Es kann zu einem Abszess (mit Eiter gefüllte Schwellung) in den Eierstöcken oder den Eileitern kommen. Geschlechtsverkehr wird schmerzhaft. Erhöhtes Risiko der Unfruchtbarkeit und von Bauchhöhlenschwangerschaft (der Fötus wächst außerhalb der Gebärmutter).

Das Risiko von Gebärmutterhalskrebs bei Frauen, die vor dem Alter von siebzehn Jahren Geschlechtsverkehr haben, hat sich Schätzungen zufolge mittlerweile verdoppelt. Man nimmt an, dass sich das Risiko bei einer Reihe von wechselnden Partnern noch weiter erhöht.

Es ist nicht wichtig für Ihr Kind, alle Einzelheiten jeder sexuell übertragenen Krankheit auswendig zu lernen, darum brauchen Sie auch nicht seine Abendlektüre gegen ein Medizinlexikon auszutauschen. Ihr Ziel ist es, Ihr Kind zu *informieren*, nicht ihm so große Angst einzujagen, dass es Mönch oder Nonne wird! Es muss über die möglichen Folgen einer falschen Entscheidung Bescheid wissen, wenn es darum geht zu entscheiden, wann, wo, wie und mit wem es Sex haben möchte. Nur dann stehen die Chancen gut, dass es die *richtige* Entscheidung trifft!

Top Tipp:

Ihr Ziel ist es, Ihr Kind zu informieren, nicht ihm Angst einzujagen. Geben Sie ihm genügend Fakten an die Hand, damit es kluge und informierte Entscheidungen treffen kann.

»Ein kleiner Schritt für den Menschen, doch ein großer Schritt für die Menschheit«

Aber natürlich sind nicht alle schädlichen Auswirkungen von Sex mit dem falschen Partner oder zum falschen Zeitpunkt körperlicher Art. Bei vielen Menschen sind die emotionalen Auswirkungen genauso verheerend.

Wenn ein Mensch »verliebt« ist, kann Sex als etwas ganz Natürliches erscheinen, der logische »nächste Schritt« in einer Beziehung. Aber es ist ein großer Schritt, der die emotionale Bindung an einen Freund oder eine Freundin vertieft und kompliziert. Wenn das nur einseitig oder die Beziehung nur von kurzer Dauer ist, kann eine Verletzung entstehen oder das Gefühl, betrogen worden zu sein. Das Selbstwertgefühl wird erschüttert.

Bei vielen jungen Leuten ist die erste sexuelle Erfahrung nicht geplant. Sie lassen sich mitreißen, oder ihr Freund oder (gelegentlich) auch die Freundin drängt sie dazu, ihre Liebe zu »beweisen«. Die Folge davon kann sein, dass sie mit gemischten Gefühlen aus dieser Erfahrung hervorgehen, weil sie emotional noch nicht bereit dazu waren. Ihre erste sexuelle Erfahrung erweist sich als schädlich, weil sie auf falsche Weise, zum falschen Zeitpunkt und häufig mit dem falschen Partner stattgefunden hat. Es sollte eine ganz besondere Erfahrung werden, doch eigentlich war es eine schädliche und negative Erfahrung.

Sex ist kein Sport wie Fußball. Es ist kein Zeichen von körperlicher Reife wie das Rasieren oder das Wachstum der Brüste. Und es ist kein Zeichen von Liebe wie ein Ring oder eine Valentinskarte. Es geht darum, auf einer sehr intimen Ebene einer anderen Person mitzuteilen, wer man ist, und das sollte frei von beiden Parteien entschieden werden. Leider ist dies nicht immer der Fall. Menschen fühlen sich nicht nur zum Sex gedrängt, eine alarmierende Zahl wird sogar gezwungen, Sex gegen ihren Willen zu haben.

Natürlich haben wir alle sexuelle Wünsche und Triebe, doch nicht immer ist es gut, diese Wünsche und Triebe auszuleben. Sex mag natürlich und gesund sein, doch wir müssen trotzdem vorsichtig damit umgehen – so wie wir mit allem anderen Wertvollem umgehen. Rücksichtslosigkeit hat Konsequenzen, und die müssen wir tragen. Wir bestehen nicht nur aus Haut und Knochen, sondern sind Menschen mit Emotionen und Gefühlen.

Ihre Kinder müssen erkennen, dass Sex als intimer Akt zwischen zwei Menschen nicht einfach auf eine körperliche Aktivität reduziert werden kann. Wir wissen instinktiv, dass es mehr bedeutet. Sie müssen auch erkennen, dass ihre sexuellen Entscheidungen nicht nur rein persönlich sind. Sie können wichtige Auswirkungen auf andere haben, auf ihre Familien und die ganze Gesellschaft. Ein paar Minuten Vergnügen können zur Zeugung eines neuen Lebens mit einer Lebensdauer von achtzig Jahren oder mehr führen, das wiederum Kinder in die Welt setzen wird. Das heißt, das Handeln Ihres Kindes kann langfristige Auswirkungen haben … gute oder schlechte. Darum ist es sehr wichtig, dass junge Leute darüber nachdenken, welchen Einfluss ihre Entscheidungen auf andere haben, bevor sie sie treffen.

5. Vorbeugen ist besser …

Das ABC der Empfängnisverhütung

Stellen Sie sich die folgende Szene vor …

Es ist Freitagabend, Sie sind ausgegangen und lassen Ihr Kind allein mit seinem Freund oder seiner Freundin zu Hause. Die beiden haben sich schöne Musik aufgelegt und liegen sich schon bald in den Armen … und küssen sich … und …

Nun, wenn wir ehrlich sind, wissen wir, dass wir, wenn wir in Leidenschaft entflammt sind, an einen Punkt kommen, wo das Gehirn aussetzt und es schwierig wird, unsere Wünsche zu kontrollieren. Egal, wie diszipliniert wir sind, wenn die Hormone übernehmen, können wir leicht alles vergessen. Natürlich wollten wir nie, dass es auf diese Weise passiert. Es ging einfach zu weit. Nach der FPA ist es sogar so, dass fast ein Drittel aller schwangeren Teenager schwanger wurde, weil sie sich einfach haben »mitreißen« lassen und nicht wussten, wie sie aufhören sollten.

Es gibt zwei sehr einfache Wege, eine ungewollte Schwangerschaft zu vermeiden (sowie einige der weniger wünschenswerten Konsequenzen von Sex): entweder Empfängnisverhütungsmittel verwenden oder keinen Sex haben.

Einige Eltern zögern verständlicherweise, ihrem Kind Empfängnisverhütungsmittel zu empfehlen. Sie haben Angst, damit würden sie es zum Sex ermutigen. Wird nicht die Tatsache, dass sie Kondome zur Verfügung haben, sie dazu bringen, sie auch zu *benutzen*? Bei einigen ist dies eine Frage der Moral, während andere nur einfach nicht wollen, dass ihr Kind Sex mit dem falschen Partner hat oder bevor es bereit dazu ist. Aber genau darum ist es so wichtig, Ihr Kind über Empfängnisverhütung aufzuklären, um es anzuregen, sorgfältig über mögliche Konsequenzen von Sex nachzudenken, *bevor* es bewusst entscheidet, ob es das möchte. Ihr Ziel bei der Aufklärung über Verhütungsmittel ist nicht, Ihrem Kind grünes Licht zu geben, durch alle Betten zu hüpfen, solange es ein Kondom benutzt. Sie wollen dadurch das Risiko reduzieren, dass es sich in eine nicht durchdachte und übereilte Beziehung stürzt. Außerdem möchten Sie ihm helfen, eine Beziehung verantwortungsbewusst und langfristig zu sehen.

Kluge Eltern werden sich darum ein Herz nehmen und ihre Kinder über die verschiedenen Arten der Empfängnisverhütung aufklären – und darüber, warum sie richtige Lebensretter sein können – zusammen mit moralischen, sozialen und emotionalen Argumenten in Bezug auf die Frage, wo, wann, wie, warum und mit wem Sex am besten zu genießen ist. Auf diese Weise werden Ihre Kinder anfangen zu begreifen, inwiefern Empfängnisverhütung in das große Bild ihrer Sexualität passt, bevor sie ihre eigenen informierten – und hoffentlich *klugen* – Entscheidungen treffen. Zusätzlich helfen kluge Eltern ihren Kindern, das nötige Selbstvertrauen zu entwickeln, nicht nur eine Entscheidung zu treffen, sondern auch daran festzuhalten, wenn sie erst einmal getroffen ist. So wichtig das auch ist, die Information über Verhütungsmittel kann nur eine Ebene eines bewusst vielschichtigen Ansatzes sein.

Top Tipp:

Meiden Sie unbedingt diese beiden Extreme: dass Sie Ihrem Kind nichts über Verhütungsmittel erzählen und dass Sie von nichts anderem als Verhütungsmitteln reden.

Die Medizin nehmen

Es gibt zehn allgemein anerkannte Formen der Empfängnisverhütung. Jede hat ihre Vorteile und Nachteile, obwohl behauptet wird, dass einige effektiver sind als andere. Darum fange ich von hinten an, nach dem Grad der Effektivität.

10. Der schnelle Rückzug. Der Penis wird während des Geschlechtsverkehrs vor der Ejakulation zurückgezogen, auch bekannt als *coitus interruptus* (wörtlich »unterbrochener Sex«). Man sagt, während des Mittelalters, als Ehebruch noch eine schreckliche Sünde war, befahlen reiche Männer ihren Dienern, sie zu unterbrechen, wenn sie mit ihrer Mätresse schliefen, bevor sie zum Höhepunkt kamen, in der Annahme, wenn sie nicht ejakulierten, würde es nicht zählen! *Dies ist jedoch als Verhütungsmaßnahme nicht von großem Wert* ... wie zahllose außereheliche Kinder beweisen. Obwohl die während der sexuellen Begegnung ejakulierten Spermien nicht in die Gebärmutter gelangen, wenn der Mann sich früh genug zurückzieht, beträgt die Versagerquote noch immer zwischen 20 und 25 Prozent. Das liegt nicht nur daran, dass der Zeitpunkt der Ejakulation so schwer vorherzusagen ist. Es liegt auch daran, dass winzige Mengen von Gleitmittel, die Spermien enthalten, schon vor dem Orgasmus des Mannes aus dem Penis austreten. Das reicht häufig schon für eine Schwangerschaft aus.

9. Der Schwamm. Dieser weiche, mit einem Spermizid gefüllte Schwamm ist eine weniger effiziente Form eines Diaphragmas, mit einer Versagerquote zwischen 10 und 25 Prozent. Wie das Diaphragma verhindert er die Spontaneität, da er vor der sexuellen Begegnung eingesetzt werden muss.

8. Das Diaphragma. Diese Gummikappe in der Form eines alten Armeehelms aus dem Ersten Weltkrieg wird in die Vagina eingesetzt, oberhalb der Zervix, und wie ein Spermizid verwendet. Die Versagerquote liegt zwischen 4 und 18 Prozent.

7. Die »natürliche Methode«. Diese Aufzeichnung der Tage, der Körpertemperatur und anderer Anzeichen dafür, dass eine Frau besonders fruchtbar ist und Sex während dieser Zeit meiden sollte, ist die einzige Methode der Empfängnisverhütung, die von der katholischen Kirche akzeptiert und gebilligt wird. Trotzdem liegt die Versagerquote dieser Methode zwischen 2 und 20 Prozent.

6. Das Kondom. Es ist eine dünne Gummihülle, die entweder über den Penis gestülpt (männliches Kondom) oder in die Vagina eingesetzt wird (weibliches Kondom). Es fängt die Spermien auf, bevor sie in die Gebärmutter eindringen können. Das Kondom ist die einzige Form der Empfängnisverhütung, die gleichzeitig vor einer HIV-Infizierung schützt. Kondome sind in einer Fülle von Farben, Größen (kleine Kondome werden häufig als »eng sitzend« verkauft), Stärken und, zum Gebrauch für oralen Sex, sogar in verschiedenen Geschmacksrichtungen zu haben! Doch während bei Erwachsenen die Effektivität bei 98 Prozent liegt, gibt es bei Teenagern immerhin noch eine Versagerquote von 15 Prozent.

5. Die Pille. Es gibt zwei Grundtypen der empfängnisverhütenden Pille, und mehrere unterschiedliche Untertypen. Horrorgeschichten über einen Zusammenhang zu Krebs konnten nicht stichhaltig belegt werden. Die Pille hat zwar eine Versagerquote von weniger als 1 Prozent, wenn sie regelmäßig eingenommen wird, doch die Frau muss sie unbedingt regelmäßig jeden Tag einnehmen. Wenn man sie nur an einem Tag vergisst, ist dadurch der Schutz des ganzen Monats in Gefahr.

4. Die Injektion. Eine semi-permanente Verhütung für Frauen. Die Ausschüttung von Hormonen wird verzögert, reicht aus für zwei oder drei Monate – aber nicht für empfindliche Frauen geeignet! Die Versagerquote liegt bei etwa 1 Prozent.

3. Das Implantat. Ähnlich wie die Injektion verzögert es die Ausschüttung von Hormonen bei Frauen. Es wird von einem Arzt unter die Haut des Oberarms eingesetzt und reicht aus für fünf Jahre, wieder mit einer Versagerquote von etwa 1 Prozent.

2. Die Spirale. Die Spirale, eine t-förmige Plastik- und Kupfervorrichtung, wird für fünf Jahre in die Gebärmutter eingesetzt und verhindert, dass sich ein befruchtetes Ei in der Gebärmutter einnistet. Gelegentlich kommt es vor, dass die Eileiter vernarben, aber die normale Versagensquote liegt bei etwa 1 Prozent.

1. Die letzte Hürde, Sterilisation. Da eine Sterilisation nur durch einen Eingriff vorgenommen werden kann, ist diese Methode der Verhütung nichts für die Empfindlichen und Unentschlossenen und ganz bestimmt nichts für Teenager! Die Eileiter, die die Eierstöcke mit der Gebärmutter verbinden, werden blockiert oder durchtrennt. Man nennt diese Methode »weibliche Sterilisation« oder »Tubenligatur«. Beim Mann wird der Samenstrang zum Penis durchtrennt, auch »Vasektomie« genannt. Diese Eingriffe sind nicht rückgängig zu machen, obwohl es für Frauen eine reversible Form des Eingriffs gibt. Die Versagensquote liegt bei etwa 0,1 Prozent.

Zusätzlich dazu gibt es die so genannte »Notfallpille«, die bis zu drei Tage nach dem Geschlechtsverkehr genommen werden kann, um zu verhindern, dass sich das befruchtete Ei in der Gebärmutterwand einnistet. Ihre Effektivität beträgt ungefähr 96 Prozent, doch die Ärzte befürchten, einige Frauen könnten sie als eine Alternative zur regelmäßigen Empfängnisverhütung einsetzen. Sie sind keineswegs davon überzeugt, dass dies eine sichere Methode ist, da diese Pille nur für den *Notfall* entwickelt wurde und noch nicht die für eine *regelmäßige* Einnahme nötige Testphase durchlaufen hat.

Verhütungsmittel sollen verhindern, dass eine Frau schwanger wird. Abgesehen von Kondomen, die speziell dazu bestimmt sind, sexuell übertragbare Krankheiten zu stoppen, wird keines der hier angesprochenen Mittel einen Schutz vor HIV und AIDS bieten. Und keines ist 100-prozentig sicher, auch Kondome nicht. Verhütungsmittel helfen, Sex »sicherer« zu machen, aber wie die Weltgesundheitsorganisation deutlich macht, können sie ihn niemals vollkommen »sicher« machen. Die einzige getestete und ausprobierte, positiv garantierte Methode einer Empfängnisverhütung ist: Keinen Sex haben!

Top Tipp:

Es gibt die unterschiedlichsten Verhütungsmittel, doch Abstinenz ist noch immer die einzige garantiert erfolgreiche Methode.

Sicherer Sex?

In Bezug auf AIDS gibt es natürlich kein Heilmittel, darum ist Vorbeugung alles. So wie es zwei Möglichkeiten gibt, eine Schwangerschaft zu vermeiden, gibt es auch zwei Möglichkeiten zu vermeiden, dass man »HIV-positiv« wird: Benutzen Sie immer ein Kondom, oder haben Sie niemals Sex mit jemandem, der den Virus möglicherweise hat. Aber natürlich ist es unmöglich zu sagen, wer mit wem geschlafen hat. Viele verschweigen ihre Abenteuer in der Vergangenheit, darum lässt sich nicht sagen, wer den Virus hat, vor allem, da er sich manchmal erst nach Jahren bemerkbar macht.

Bisher geht man davon aus, dass die Versagerquote bei Kondomen in Bezug auf die Ansteckung mit AIDS dieselbe ist wie die bei der Verhütung von Schwangerschaften. Darum ist der einzig sichere Weg, sich vor AIDS zu schützen, nur Sex mit jemandem zu haben, der nur Sex mit einem selbst hat (und auch nur Sex mit einem selbst *gehabt* hat). Die Weltgesundheitsbehörde schlägt vor: »Der effektivste Weg, eine HIV-Übertragung zu vermeiden, ist, sich von sexuellem Verkehr zu enthalten oder dass zwei nicht infizierte Partner einander treu bleiben. Das Risiko der Verbreitung von HIV kann auch durch den Gebrauch von Kondomen sehr stark reduziert werden.«

Doch die Erkenntnis, dass keines der vorhandenen Verhütungsmittel uns einen 100-prozentigen Schutz vor Schwangerschaft und AIDS bieten kann, ist nur die halbe Geschichte. Ungewollte Schwangerschaften und sexuell übertragbare Krankheiten sind nicht die einzigen negativen Konsequenzen einer sexuellen Begegnung mit dem falschen Partner oder zur falschen Zeit. Nur zu leicht wird vergessen, dass kein Verhütungsmittel Schutz vor den ungeahnten emotionalen und nicht-körperlichen Folgen von Sex bieten kann. Verhütung kann Sex sicherer machen ... aber sicher? Ganz bestimmt nicht!

Top Tipp:

Verhütungsmittel können Sex »sicherer« machen, aber nicht vollkommen »sicher«, und sie bieten keinerlei Schutz vor den möglichen emotionalen Gefahren.

6. Nenn es Liebe, nenn es Wahnsinn!

Sex: Was gehört noch dazu?

James Bond betritt den Raum, zieht vorsichtig seine geliebte Walther PPK aus dem Halfter. Er ist groß und außergewöhnlich gut aussehend, mit einem grausamen, aber zärtlichen Lächeln. Die attraktive junge Frau trägt noch dasselbe Abendkleid, das sie anhatte, als er sie zum ersten Mal erblickte. Sie liegt verführerisch hingestreckt auf den luxuriösen Seidenlaken des Bettes. Zurückhaltend sieht sie zu ihm auf und klappert mit ihren langen, dunklen Wimpern. Er schließt die Tür und legt die Pistole auf den Tisch.

»Hallo«, flüstert sie mit einer Stimme so weich, dass sie Butter zum Schmelzen bringen könnte.

Bond kommt zu ihr herüber und lächelt grausam, aber zärtlich. »Mein Name ist Bond«, sagt er selbstbewusst. »James Bond.« Er küsst sie leidenschaftlich.

»Nimm mich«, haucht sie und gleitet mühelos aus ihrem Kleid. »Oh James, sei grausam, aber zärtlich zu mir …«

Wir alle wissen, wie falsch die Welt von James Bond ist. In seiner Welt ist Sex immer wundervoll und ohne langfristige Konsequenzen. Niemand scheint von Kondomen oder AIDS gehört zu haben. Die Frauen, die ihm in die Arme sinken, haben niemals ihre Periode, Kopfschmerzen oder sind nicht in Stimmung, und sie wechseln in jedem Film. Er ist immer muskulös und seine Frauen immer wunderschön. Niemand ist jemals müde oder angespannt. Bond bekommt niemals in der Hitze des Gefechts einen Krampf oder kann nicht, und die Frauen haben immer sehr lautstarke, erderschütternde Orgasmen, und das gleich mehrmals. Was macht das schon, fragen Sie vielleicht. Immerhin ist das ein Film, das ist eine Fantasiewelt …

Nun, so seltsam das auch erscheinen mag, das Problem ist, dass viele von uns es tatsächlich zumindest teilweise für die Realität halten. Wir scheinen zu *erwarten*, dass, wenigstens in Bezug auf Sex, das reale Leben wie im Film verlaufen sollte, und vermuten, dass das auch bei allen anderen außer uns so ist. Doch die Wahrheit ist, dass Bonds Schlafzimmerszenen, wie buchstäblich alle Sexszenen in Filmen, Ihnen eine weich gezeichnete, musikalisch untermalte, Dolby Surround Sound … Lüge verkaufen.

Natürlich ist Sex oft eine wunderschöne Erfahrung. Aber er kann auch … na ja … unangenehm sein. Die Laken sind kalt, der Partner häufig nicht in der Stimmung, die Haare sind im Weg, das Telefon läutet zum falschen Zeitpunkt, einer von Ihnen ist müde oder hat zu viel gegessen. Sex kann sehr zärtlich und romantisch, aber auch sehr gewöhnlich, nüchtern, demütigend, unbefriedigend, nicht erfüllend, unbequem, enttäuschend … sogar langweilig sein!

Getrieben von der großspurigen Prahlerei ihrer Klassenkameraden, könnten Ihre Teenager vielleicht zu der Überzeugung kommen, Sex auf dem Gepäckträger des Fahrrads würde die Erde zum Beben bringen, himmlische Chöre würden anfangen zu singen, Engel würden zu weinen beginnen, und weise Männer aus dem Osten würden mit Gold, Weihrauch, Myrrhe und der obligatorischen Zigarette danach kommen. Aber in der Realität werden sich nur die Fahrräder bewegen; sie werden auf sie fallen!

Als Eltern ist es also Ihre Aufgabe, einige falsche Vorstellungen zum Thema Sex gerade zu rücken, die Ihr Kind, wie viele andere, aufgeschnappt hat. Sie werden erklären müssen, dass:

- wie so vieles andere im Leben auch die Liebe Übung, Geduld und Beharrlichkeit braucht, wenn man das Beste daraus machen will
- manchmal ein Partner – und das ist nicht immer der Mann – mehr in Stimmung ist als der andere, der sich vielleicht erst langsam und allmählich für diese Idee erwärmen kann
- Männer und Frauen häufig unterschiedliche Dinge am Sex mögen, dass sie unterschiedliche Erwartungen haben
- Männer zwar fast immer einen Orgasmus haben, das aber nicht unbedingt für die Frauen gilt, was dazu führen kann, dass beide das Gefühl haben, irgendwie versagt zu haben
- der gleichzeitige Orgasmus, ein wesentlicher Teil jeder Sexszene im Film, viel eher die Ausnahme als die Regel ist.

Top Tipp:

Bei Ihrem Gespräch mit Ihrem Kind über Sex sollten Sie nicht nur von den zärtlichen und romantischen Augenblicken erzählen, sondern auch von den peinlichen und unangenehmen.

Die schnelle Nummer in der Nacht

Sex ist mehr als nur ein biologischer Akt und wir sind mehr als biologische Maschinen oder Roboter. Zum Sex gehören nicht nur *Bewegungen*, sondern auch *Emotionen*. Als Menschen sind wir mehr als eine Ansammlung von Mineralien und Körperflüssigkeiten. Wir haben eine Seele, die unsere Persönlichkeit ausmacht, mit all unseren bestimmten Merkmalen, unseren Vorlieben und Abneigungen, unseren Gefühlen und Emotionen. Und das bedeutet, dass Sex immer mehr ist, als nur miteinander zu schlafen. Es ist ein Akt, der zwei Menschen vereint. Es ist der Augenblick, in dem »zwei ein Fleisch werden«.

Um richtig genossen werden zu können, muss Sex im Kontext einer langfristigen Beziehung stattfinden, einer verpflichtenden und dauerhaften Liebesbeziehung. Die meisten Kinder begreifen dies sehr gut, obwohl sie Schwierigkeiten haben mit dem Begriff »langfristig«. Immerhin sind das dieselben Kinder, die bereits nach zwei Minuten einer anstrengenden zweistündigen Autofahrt gefragt haben: »Sind wir denn immer noch nicht da?« Wenn sie dann ins Teenageralter kommen und ihre Hormone zuschlagen, könnte es sein, dass ihre Vorstellung von einer langfristigen, verpflichtenden Beziehung schnell von einem ganzen Leben auf etwas zusammenschrumpft, das länger dauert als drei Wochen! Ihre Kinder werden Ihre Hilfe brauchen, damit sie ihre Beziehung in ihrem langfristigen Zusammenhang erkennen, bevor sie schwerwiegende Entscheidungen treffen.

Das bedeutet, es ist nicht gut zu warten, bis der Tornado losbricht, und erst dann zu versuchen, die Botschaft herüberzubringen. Vermutlich werden die Teenies so von dem Strudel ihrer Gefühle mitgerissen sein, dass sie nicht in der Lage sein werden, Ihre Worte der Weisheit wahrzunehmen. Außerdem könnte es sein, dass Ihr »themenbezogener« Rat in Bezug auf Beziehungen im Allgemeinen als persönlicher Angriff auf ihre *gegenwärtige* Beziehung aufgefasst wird oder als ein Zeichen, dass Sie ihnen nicht zutrauen, eigene Entscheidungen zu treffen. Darum sollte Ihr Kind, lange bevor es in diese Situation kommt, begriffen haben, dass das, was in der unmittelbaren Zukunft gut wirkt, sich auf Dauer nicht immer als so gut erweist. Es ist nicht alles Gold, was glänzt.

Um wirklich guten Sex zu erleben, müssen sich zwei Menschen zum Beispiel lieben und einander so vertrauen, dass sie sich keine Gedanken machen, wenn es mit dem Sex einmal nicht klappt, was unweigerlich von Zeit zu Zeit passiert, und sich auch nicht einander die Schuld dafür zuschieben. Sex sollte niemals ein Weg sein, seine eigenen Wünsche zu befriedigen. Beim Sex geht es um das Geben und Nehmen. Voraussetzung dafür sind zwei Menschen, die bereit sind zu lernen, die sich die Mühe machen herauszufinden, was ihnen gegenseitig Vergnügen bereitet.

Aber nicht nur Übung und Geduld machen Sex zu einer befriedigenden Erfahrung. Sie brauchen dazu jemanden, den Sie lieben, dem Sie vertrauen und den Sie respektieren. Es geht darum, sich selbst ganz intim einer anderen Person mitzuteilen. Und diese Art des Mitteilens macht verletzlich. Sie müssen sicher sein, dass der andere nicht die Gelegenheit ergreift, Sie zu verletzen. Je oberflächlicher die Beziehung zwischen zwei Partnern, desto oberflächlicher wird der Sex sein, wie gut er körperlich auch sein mag. Und genauso gilt, je tiefer die Beziehung, desto bedeutungsvoller wird der Sex sein.

Diese Art des Vertrauens braucht natürlich Zeit ... und Hingabe. Als ein Star gefragt wurde, wer seiner Meinung nach Hollywoods größter Liebhaber sei, antwortete er, nicht wechselnde Partner oder sexuelle Techniken würden einen großen Liebhaber ausmachen, sondern die Fähigkeit, einen Menschen vierzig Jahre lang zu lieben. »Jeder kann herumschlafen«, fügte er hinzu. »Selbst Hunde tun das!« Das ist der Grund, warum die meisten Menschen und Kulturen im Laufe der Jahrhunderte festgestellt haben, dass das beste Umfeld für Sex eine langfristige, verpflichtende Liebesbeziehung ist.

Wie man es auch dreht und wendet, im Endeffekt sprechen wir doch über den Begriff der Ehe.

Top Tipp:

Ihr Kind muss begreifen, dass es beim Sex um mehr geht als nur darum, miteinander zu schlafen – es geht um Liebe, Vertrauen, Fürsorge und Bindung.

Pferd und Kutsche

Im Laufe der Jahrhunderte hat es auf der Welt immer den Begriff der verpflichtenden, dauerhaften Beziehung gegeben. Dies ist keine moderne Erfindung, auch ist die Ehe keine speziell europäische oder gar christliche Einrichtung. Schon bei den alten Griechen gab es Ehen, so wie bei den Ägyptern, den Römern, Syrern, Assyrern, Babyloniern, Barbaren, Byzantinern, Persern, Pikten, Angeln,

Sachsen, den Angelsachsen, den Hunnen, Goten, den Westgoten, den Ostgoten ... Sie verstehen schon. Selbst jetzt gibt es in jeder Gesellschaft, Kultur und jedem Land einen eigenen Code in Bezug auf Beziehungen, und zu allen gehört die Vorstellung der Ehe – als dauerhafte, verpflichtende und liebevolle Beziehung zwischen zwei Menschen.

Außerdem gab es in den meisten Kulturen, egal, welchen religiösen Hintergrund sie hatten, bestimmte Gesetze, die Affären außerhalb der Ehe verboten. Bei einigen war die Strafe für Ehebruch sehr hart – manchmal wurde sogar die Todesstrafe verhängt! Das ist ein sehr hoher Preis für ein paar Augenblicke gestohlenen Vergnügens. Das erscheint uns heute recht happig, wenn man bedenkt, mit welcher Leichtigkeit die Leute miteinander ins Bett hüpfen, verheiratet oder nicht. Aber wie schwierig oder ungerecht diese Art der Bestrafung heute auch wirkt, ihr Ziel war einfach: Sex sollte auf die Ehe beschränkt bleiben.

Warum? Immerhin bekommt die Ehe eine ziemlich schlechte Presse. Mehr als ein Drittel aller Ehen in Großbritannien wird geschieden, und viele von denen, die erhalten bleiben, sind nicht als besonders gut oder glücklich zu bezeichnen. Irgendwo auf dem Weg scheinen Liebe und Romantik zu Gewohnheit und Duldung zu werden. Für jede Ehe, die unserem Wissen nach funktioniert, fallen uns ein oder zwei ein, wo das nicht geklappt hat.

Aber wenn die Ehe wirklich so schlecht ist, warum ist sie dann im Lauf der Geschichte so beharrlich beibehalten worden? Bestimmt hätte doch jemand an irgendeinem Punkt Einhalt gebieten und sagen können: »Das ist doch Blödsinn! Wir setzen uns zusammen und überlegen uns etwas Besseres!« Wie wäre es denn zum Beispiel mit einem nicht erneuerbaren, auf drei Jahre festgelegten Vertrag mit geteilter Wohnung, gleichem Recht bei der Wahl des Fernsehprogramms, vereinbarter Aufteilung der Haushaltspflichten, umfassenden Schlafzimmerrechten und einer eingebauten Aussteigeklausel für beide Seiten nach achtzehn Monaten? Warum setzt sich so etwas nicht durch? Warum geben sich Menschen noch immer ein Eheversprechen, auch wenn ein Drittel der Ehen vor dem Scheidungsrichter endet und nicht im Krematorium? Und warum leben Paare, die keine Trauzeremonie durchgemacht haben, genauso lange zusammen, als hätten sie es?

Vielleicht ist es so, dass es kein besseres System als die Ehe gibt. Vielleicht müssen wir uns nur noch mehr anstrengen oder noch besser auswählen. Oder beides. Vielleicht hat die Ehe, trotz all ihrer Fehler und Schwierigkeiten, doch viel mehr zu bieten, als uns häufig vorgemacht wird.

Wenn Sie natürlich nicht mehr verheiratet sind oder vielleicht nie verheiratet waren, kann es sehr schwierig sein, dies Ihrem Kind klarzumachen. Ein Versuch wäre heuchlerisch. Vielleicht war Ihre eigene Ehe so schmerzlich, dass Sie sich fragen, ob Sie Ihrem Kind überhaupt davon erzählen sollten … außer dass eine Ehe auf jeden Fall zu meiden sei. Ehen gehen aus den unterschiedlichsten Gründen auseinander, dazu gehört auch der Tod, aber fast genauso häufig durch Scheidung oder Verlassenwerden. Sie als allein erziehendes Elternteil finden bei sich vielleicht absolut keine Schuld am Scheitern der Ehe. Wenn das so ist, dann haben Sie natürlich berechtigte Zweifel, ob Sie die Fahne für die Ehe hoch halten sollten … oder ob sie überhaupt gehisst werden sollte.

Aber trotzdem sind Sie, ungeachtet Ihres Status, ob Sie

eine gute Ehe führen oder geführt haben, ob Ihre Ehe in die Brüche ging oder Sie nie verheiratet waren, noch immer am besten geeignet, mit Ihrem Kind darüber zu sprechen, wie eine Ehe funktionieren und welche Sicherheit sie bieten kann. Immerhin sind Sie der einzige Mensch, der es bedingungslos liebt. Und trotz der hohen Scheidungsrate geht es in der Ehe darum, ausschließlich einen Menschen bedingungslos zu lieben und von ihm geliebt zu werden. Und das wünschen sich die meisten von uns für ihre Kinder … und für uns selbst.

Top Tipp:

Ob Sie nun verheiratet sind oder nicht, es ist ratsam, mit Ihrem Kind über die Vorteile zu sprechen, die so viele unterschiedliche Kulturen über die Jahrhunderte hinweg in der Ehe gesehen haben.

Viererspiel

»Die Ehe«, so argumentieren einige Menschen, »ist doch nur ein Stück Papier.« Haben sie Recht? Nun … nein. Das Stück Papier, der Trauschein, ist eigentlich nichts weiter als ein Symbol für alles andere, was die Ehe beinhaltet. Weder geht es in der Ehe um eine einfache Zeremonie, ein weißes Kleid, das Wiedersehen mit Verwandten, die man zwanzig Jahre nicht mehr gesehen hat, Kuchen, unendliche Fototermine, schreckliche Hüte, langweilige Reden und sechsundzwanzig Trinksprüche. *Das* ist eine Hochzeit!

In der Ehe geht es um viele Dinge, aber mir fallen vor allem vier ein: Freundschaft, Unterstützung, Familienleben und Verbindlichkeit.

1. Freundschaft. Vor allem anderen sind Eheleute Freunde und Gefährten. Sie lieben einander auf eine Art, die vielleicht die höchste Form der Freundschaft ist. Der Ehepartner sollte der beste Freund sein, der Mensch, mit dem man alle Probleme besprechen und sowohl über die guten als auch die schlechten Erfahrungen reden kann. Eheleute sollten sich so nahe kommen, dass sie einander ganz intim kennen und sich ohne Vorbehalt lieben, so wie sie sind.

2. Unterstützung. Ein Freund hilft einem auch. Sie wissen, Sie brauchen nicht immer in Bestform zu sein, weil Sie Freunde haben, die Sie auffangen oder zumindest in schwierigen Zeiten für Sie da sind. Wenn Sie einen Menschen heiraten, dann versprechen Sie, ihn *für immer* zu lieben und zu unterstützen, komme, was da wolle. Eine Frau oder ein Mann ist ein Partner, der sich verpflichtet hat, Ihnen die Unterstützung zu geben, die Sie brauchen, solange Sie beide leben.

3. Familienleben. Die Ehe schafft die beste Umgebung für ein Familienleben. Natürlich haben allein erziehende Väter oder Mütter gezeigt, dass es auch anders geht. Es müssen nicht unbedingt Vater, Mutter und zwei Komma vier Kinder sein. Viele allein erziehende Elternteile ziehen ihre Kinder mit mehr Liebe und Sicherheit auf als andere, »traditionellere« Familien. Aber selbst die allein erziehenden Väter und Mütter sind sich darüber einig, dass die *ideale* Situation eine stabile Umgebung mit Mutter und Vater ist. Vielleicht funktioniert es nicht immer, aber das ist das Ziel, das man sich setzen sollte.

4. Verbindlichkeit. Das Wichtigste an der Ehe ist vielleicht das öffentliche Versprechen der beiden Ehepartner, einander zu lieben in guten wie in schlechten Zeiten. In einem Traugottesdienst versprechen sich Braut und Bräutigam, zusammenzubleiben, »bis der Tod uns scheidet«. In unserer Wegwerfgesellschaft, in der Sie, wenn Sie sich an etwas leid gesehen haben, es gegen etwas anderes eintauschen, stehen wir in der Gefahr, Menschen wie Gegenstände zu behandeln. Wir tauschen sie aus gegen ein anderes Modell, wenn sie unseren Erwartungen nicht mehr entsprechen. Wir verwandeln *Mr.* oder *Mrs. Right* in *Mr.* oder *Mrs. Right für den Augenblick* … bis uns etwas Passenderes über den Weg läuft. Die Ehe dagegen, mit ihrem Versprechen, einander in guten wie in schlechten Zeiten treu zu sein, hilft uns, den Menschen als Menschen zu behandeln.

Ein Friedensnobelpreisträger wurde einmal für das Fernsehen interviewt. Er war schon über achtzig und seit mehr als fünfzig Jahren verheiratet. Als der Interviewer ihn fragte, ob er seine Frau für die schönste Frau der Welt hielte, erwiderte er: »Natürlich nicht. Sie ist achtzig! Aber sie ist die Frau, die ich am meisten liebe, die Frau, an die ich mich gebunden habe.« In der Ehe geht es darum, sein Wort zu halten. Es geht darum, eine *öffentliche, dauerhafte* Bindung einzugehen. Und in unserer sich so schnell verändernden Welt definieren die Qualität und der Inhalt unserer Bindungen, wer wir sind.

Top Tipp:

Die Ehe ist nicht nur ein Stück Papier – sie ist eine dauerhafte, leidenschaftliche Freundschaft. Darum ist sie das beste Umfeld für Sex.

Mehr, als das Auge sehen kann

Wir alle sind auf der Suche nach Liebe. Darum ist es auch eine solche Tragödie, wenn wir uns auf reinen Sex oder Romantik einlassen, wie schön diese Dinge auch zu dem gegebenen Zeitpunkt sein mögen. Schließlich bleiben wir leer, betrogen und verbittert zurück. Das Wesen der Liebe ist sehr vielschichtig und lässt sich nicht auf den reinen Geschlechtsakt reduzieren. Tatsache ist, wenn eine Beziehung funktionieren soll, muss sie auf Sicherheit und Vertrauen aufgebaut sein, auf dem Fundament des gegenseitigen Versprechens, einander treu zu bleiben.

Darum ist Sex in der Ehe besonders schön und befriedigend. Sex ist mehr als reiner Sex. Es ist sowohl eine körperliche als auch eine emotionale Erfahrung. Es geht dabei um die *Menschen*, die Sex miteinander haben, und um das, was sie füreinander empfinden, und nicht um den körperlichen Akt, nicht in erster Linie um das Keuchen und Stoßen, als könnte durch das Auswendiglernen des *Kamasutra* oder das Training für die olympische Goldmedaille in Gymnastik ein erfüllendes Sexualleben erreicht werden. Im Grunde genommen geht es um Liebe und Sicherheit. Denn nicht Technik oder Fitness machen den Sex zu einer befriedigenden Erfahrung. Nicht die Größe oder Kraft.

Nicht einmal die Schönheit. Es sind die Menschen, die Sex miteinander haben und die Beziehung, in der sie zueinander stehen. Es geht darum, einander mitzuteilen, wer man ist, und vollkommen intim mit einem anderen Menschen zu sein.

Die allzu bekannte Frage, die Ihr Kind stellen könnte: »Müssen wir denn nicht erst herausfinden, ob wir in sexueller Hinsicht zueinander passen, bevor wir heiraten?«, geht darum am Eigentlichen vorbei. Wenn Sie in anderen Bereichen zueinander passen, dann werden Sie auch auf sexuellem Gebiet übereinstimmen. Und wenn Sie in anderen Bereichen nicht übereinstimmen, dann kann der Sex technisch gesehen noch so gut sein; es wird nicht ausreichen. Sex ist am schönsten mit einem Menschen, den Sie lieben, dem Sie vertrauen, den Sie unterstützen und an den Sie sich gebunden haben. Es ist eine Art, dem Partner diese Liebe, dieses Vertrauen, diese Unterstützung und Verbindlichkeit zu zeigen. Aber Sex macht auch viel Spaß.

Wenn das also Sex in der schönsten Form ist, warum sollten Sie Ihrem Kind raten, sich auf etwas Geringeres einzulassen?

Top Tipp:

Es ist Ihre Aufgabe, Ihrem Kind klarzumachen, dass es beim Sex eigentlich um die daran beteiligten Menschen geht, nicht um den Akt an sich.

7. Selbst am Steuer sitzen

Ihr Kind muss irgendwann selbst entscheiden – helfen Sie ihm dabei

Wenn stimmt, dass Sex als Teil einer langfristigen, verbindlichen Beziehung am schönsten ist, macht es Sinn, sorgfältig zu überlegen, wie wir vor einer solchen Beziehung damit umgehen. Die große Frage, die Ihre Kinder stellen könnten, lautet vermutlich: »Wie weit kann ich vor der Ehe gehen?« Und leider gibt es keine einfache Antwort darauf.

Wie angenehm wäre es für die Eltern, wenn es eine Beziehungs-Checkliste geben würde, die sie ihrem Kind in die Hand drücken könnten, in der genau aufgeführt ist, wie weit es in einer Beziehung gehen kann. Zum Beispiel:

- »Du kannst küssen, aber ohne Zungenschlag.«
- »Du kannst grapschen, aber nicht bis zum Orgasmus.«
- »Du kannst die Brüste liebkosen, aber ohne Ausziehen.«

Leider ist es nicht so einfach. Denn schließlich ist Ihr Kind der einzige Mensch, der sich selbst Grenzen setzen kann. Außerdem werden sich diese Grenzen vielleicht verändern, wenn es älter und verantwortungsbewusster wird, wenn es nicht nur sexuell, sondern auch emotional reifer wird.

Das ist auch ein Grund, warum Sie nicht aufhören sollten, mit Ihrem Kind über Sex zu reden. Es reicht nicht, ihm ein paar Richtlinien und Gebote in die Hand zu drücken und dann zu erwarten, dass diese befolgt werden. Bemühen Sie sich darum, das Gespräch in Gang zu halten. Ihr Kind braucht vielleicht Ihren Rat (wenn auch zu seinen eigenen Bedingungen), wenn es vernünftige, verantwortungsbewusste und realistische Grenzen setzen soll.

Aber wenn es keine ausführlichen Richtlinien gibt, so gibt es zumindest eine Goldene Regel. Sie kennen vielleicht die Geschichte von einer reichen alten Frau, die in einem wunderschönen Haus an einem steilen Berg wohnte. Zu diesem Haus führte nur eine schmale, sehr kurvenreiche Straße. Als der Chauffeur der alten Frau starb, bewarben sich drei andere Fahrer bei ihr um die Stelle. Jedem von ihnen stellte sie nur eine Frage: »Wie dicht an den Abgrund können Sie mich bringen, ohne den Berg hinunterzustürzen?«

Der Erste erwiderte: »Ich könnte Sie bis auf etwa einen halben Meter heranbringen, aber weiter würde ich es nicht riskieren.«

Der Zweite antwortete: »Ich fahre so gut, dass ich Sie bis auf sechs Zentimeter an den Abgrund heranbringen könnte, und Sie wären keine Sekunde in Gefahr.«

Der Dritte war älter, klüger und etwas vorsichtiger: »Ich würde Sie gar nicht an den Abgrund heranbringen, Madam«, erwiderte er. »Ich bin nicht dafür, unnötige Risiken einzugehen.«

Wer bekam denn nun den Job? Die Nummer drei natürlich. Dasselbe gilt für Sex und Beziehungen: Es macht keinen Sinn, sich zu »dicht an den Abgrund« zu wagen.

Viele Paare lassen sich zum Beispiel auf das so genannte »Petting« ein, wie es technisch genannt wird. In meiner Jugend dachte ich, das sei ein Zweikampf mit einem Bernhardiner! Natürlich geht es dabei um das Betatschen auf dem Sofa, mit halb geöffneten Kleidern. Man liebkost einander an allen Körperteilen. Dazu kann sogar oraler Sex gehören – alles, außer der Penetration. Theoretisch wird hier die Grenze gezogen. Da befindet sich der Abgrund. Aber die Sache ist, wenn man schon so weit gekommen ist, kann es sehr leicht passieren, dass man die leise Stimme in seinem Kopf, die einem sagt, man solle aufhören, trotz aller Entschlossenheit ignoriert ... und doch vollen vaginalen Sex hat. Die Erfahrung ist so angenehm, dass man so dicht wie möglich an den Abgrund herankommen möchte, ohne hinunterzufallen. Wie Woody Allen einmal sagte, zufälliger Sex mag vielleicht eine leere Erfahrung sein, aber es ist eine der schönsten! Auf jeden Fall ist ein hohes Maß an Selbstdisziplin vonnöten, die Leidenschaft unter Kontrolle zu halten, wenn die Hormone verrückt spielen und man halb nackt mit einem geliebten Menschen zusammen ist. Darum macht es Sinn, die Grenze ein wenig weiter hinten zu ziehen, an einem Punkt, wo man noch die Kontrolle behalten kann.

Top Tipp:

Sie können Ihrem Kind keine Grenze setzen, aber Sie können ihm helfen, für sich selbst realistische und verantwortungsbewusste Grenzen zu setzen.

»Let's Talk About Sex!«

Darum ist es so wichtig, dass Sie mit Ihren Kindern darüber reden und ihnen helfen, sich selbst persönliche Grenzen zu setzen, *bevor* sie überhaupt eine Beziehung eingehen. So etwas bis zur letzten Minute aufzuschieben ist ein sicherer Weg in die Katastrophe, weil die Kinder dann keine Zeit haben, alles zu durchdenken, und gar nicht wissen, *warum* sie die Grenze an diesem bestimmten Punkt gezogen haben. Als Folge davon stellen sie sich Regeln auf, die dann sofort gebrochen werden.

Aber es ist auch wichtig, Ihrem Kind Mut zu machen, mit dem Freund oder der Freundin gemeinsam zu überlegen, wo ihrer Meinung nach die Grenzen für die körperliche Seite ihrer Beziehung liegen sollten. Das mag kein leichtes Thema für die beiden sein, und vielleicht werden sie sich vor Verlegenheit winden, außerdem ist das nicht gerade der Gipfel einer spontanen Romantik – die meisten Teenager denken, Sex müsste spontan sein –, aber es ist wichtig, dass Sie Ihren Kindern Mut machen, es trotzdem zu tun. Fest vereinbarte Grundregeln zerstreuen die Illusion, Sex würde »einfach passieren«, aber das ist nicht unbedingt schlecht.

Außerdem werden vereinbarte Regeln Ihren Kindern und ihren Freunden oder Freundinnen helfen, Vertrauen aufzubauen, was wiederum ihre Beziehung stärken wird. Sie werden ihnen auch ermöglichen, sich an dem Maß an Intimität zu erfreuen, das sie sich gestatten, ohne ständig befürchten zu müssen, dass es weitergeht. Wenn sie wissen, dass das Streicheln nur bis zu einem bestimmten Punkt geht, können sie entspannen und es genießen. Sie brauchen es nicht als Aufwärmphase für mehr zu empfinden. Auf Dauer wird dies Ihren Kindern helfen zu erkennen, dass das *Vorspiel* als solches genossen werden kann und nicht etwas ist, das man so schnell wie möglich hinter sich bringt, um zum koitalen Höhepunkt zu kommen.

Mit den Grenzen sollten beide Partner einverstanden sein. Wenn der eine konservativere Grenzen setzt als der andere, dann sollten diese beachtet werden. Ihr Kind muss wissen, dass es falsch ist, jemanden zu Dingen zu zwingen, zu denen er noch nicht bereit ist, das heißt, unnötigen Druck auszuüben, nur weil es das möchte. Mit anderen Worten, Aussprüche wie: »Wenn du mich wirklich lieben würdest, dann würdest du Sex mit mir haben«, sind nichts anderes als eine krasse Form von emotionaler Erpressung. Wenn man einen Menschen wirklich liebt, versucht man nicht, ihn zu etwas zu zwingen, das er eigentlich nicht möchte. Respektiert man die Grenzen nicht, hat man auch keinen Respekt vor dem Menschen. Und wenn man einen Menschen nicht respektiert, liebt man ihn nicht.

Top Tipp:

Machen Sie Ihrem Kind Mut, seine Grenzen mit seinem Freund oder seiner Freundin durchzusprechen, bevor es nötig wird.

Das Ein und Alles?

Vereinbarte Grenzen haben einen weiteren Vorteil: Sie regen Ihr Kind an, in seiner Beziehung mehr zu suchen, als nur den Körper des Freundes oder der Freundin zu erforschen. Das mag vielleicht zuerst seltsam klingen, aber beim Aufbau einer erfüllenden und dauerhaften Beziehung ist körperliche Schönheit der vermutlich am wenigsten wichtige Aspekt! Natürlich ist es das, was für uns einen anderen Menschen zuerst anziehend macht, aber wenn nicht bald andere Dinge folgen, ist die Beziehung zum Scheitern verurteilt. Schönheit allein reicht nicht aus. Sehen wir uns doch die vielen Männer mit wunderschönen Ehefrauen an, die trotzdem außereheliche Affären haben, auch wenn die Geliebte weniger attraktiv ist als ihre Frau.

Jede Beziehung, die Bestand haben soll, darf nicht nur auf körperlicher Anziehungskraft gegründet sein. Es ist allgemein bekannt, dass Stromausfälle Spitzenzeiten für sexuelle Aktivität sind. Ohne die Ausweichmöglichkeit Fernsehgerät stellen viele Ehepaare fest, dass sie sich nichts mehr zu sagen haben. Ihre einzige Gemeinsamkeit ist Sex. Am Anfang jeder Beziehung steht die körperliche Anziehung, aber wenn nicht mehr daraus wird, dann wird diese Beziehung keinen Bestand haben. Nach wenigen Tagen oder Wochen des Bewunderns oder auch Miteinander-Schlafens stellt das Paar fest, dass es sich nichts zu sagen hat.

Darum machen Sie Ihrem Kind Mut, mit dem Freund oder der Freundin gemeinsame Interessen zu entwickeln, eine alles umfassende Freundschaft aufzubauen. Wenn sie ihre ganze Zeit eingesperrt in einem Zimmer verbringen und Wimpernhockey spielen, dann kann das nur in die Katastrophe führen. Jeder Mensch hat trotz seines guten Aussehens und athletischen Körperbaus nur ein begrenztes Regal-Leben, denn egal, wie gut aussehend ein Mensch sein mag, attraktiv macht einen Menschen nur das, was in seinem Inneren ist. Mit anderen Worten, das wichtigste Sexualorgan Ihres Kindes ist nicht seine Nase, seine Augen, sein Hintern, sein Penis oder seine Vagina. Es ist sein Gehirn. Machen Sie ihm Mut, es zu gebrauchen.

Top Tipp:

Machen Sie Ihrem Kind Mut, seine sozialen Fähigkeiten zu gebrauchen, sich nicht nur im Küssen zu üben. Attraktiv macht einen Menschen nur das, was in seinem Inneren ist.

TEIL 3

Kneifen gilt nicht!

Heiße Eisen anpacken

8. Eine gesunde Alternative?

Und wenn Ihr Kind schwul ist?

»Es war nicht leicht für mich. Ich wurde als armer Schwarzer geboren.«

Nathan Johnson ist in einer Gegend in Mississippi aufgewachsen, in der ausschließlich Schwarze leben. Eines Tages beschließen seine schwarzen Eltern, ihm die Wahrheit zu sagen: Er ist nicht nur adoptiert, er ist auch … nun … weiß! Nathan, von Steve Martin in dem Film *Reichtum ist keine Schande* dargestellt, nimmt die Nachricht nicht besonders gut auf. Um ehrlich zu sein, ihm wird vollkommen der Boden unter den Füßen weggezogen. Nachdem er in dem Glauben aufgewachsen war, Schwarzer zu sein (er ist nicht gerade ein heller Kopf), fällt es ihm ziemlich schwer, sich an die Tatsache zu gewöhnen, dass er anders ist als die anderen.

Nathan Johnson ist ein komischer Charakter und seine erdbewegende Reise der Selbstentdeckung soll zum Lachen bringen. Aber im wirklichen Leben kann die Erkenntnis, dass man »anders« ist, alles andere als lustig sein – wie die meisten Homosexuellen Ihnen bestätigen werden. Außerdem werden sie wohl keinen Lacher ernten, wenn sie ihren Eltern schließlich die große Mitteilung machen. Im Allgemeinen macht es keinen großen Unterschied, ob Eltern Homosexualität als einen gültigen, akzeptablen Lebensstil betrachten oder als eine verabscheuungswürdige Umkehr der Natur – ihre *anfängliche* Reaktion auf die Nachricht, dass ihr Kind schwul ist, ist Schock. Selbst diejenigen, die das bereits vermutet haben, sind wie vor den Kopf gestoßen, wenn der Augenblick dann tatsächlich da ist.

Das ist natürlich verständlich. Immerhin entwickeln die meisten von uns bestimmte Vorstellungen, was aus ihren Kindern werden soll, bevor sie überhaupt geboren sind. Wir stellen uns vor, sie werden einmal Rechtsanwalt, Arzt, Lehrer, Architekt, Polizist, Maurer, Politiker, Pop-Star ... die Liste lässt sich endlos fortsetzen. Wir wissen natürlich, dass dies nur unnütze Tagträume sind, so flüchtig wie viele ihrer eigenen Träume von dem, was sie einmal werden wollen, »wenn ich groß bin«. Aber einige unserer Vorstellungen, zum Beispiel, dass sie einmal studieren oder eine Familie gründen werden, sind schwerer abzuschütteln als andere.

Wie gut wir unsere Kinder auch kennen, selbst wenn wir glauben, sie in- und auswendig zu kennen, sie haben trotzdem eine erstaunliche Fähigkeit, uns zu verblüffen. Die meisten Eltern sind ziemlich schockiert, wenn sie eine Seite an ihrem Kind entdecken, von der sie gar nicht wussten, dass sie existiert. Ob das nun ein Schauspieltalent ist, ein Talent für Sport oder Musik, das Interesse an Religion oder die Leidenschaft zum Kochen, der Effekt ist derselbe: Wenn Ihr Kind einen unerwarteten Zug zeigt, sind Sie vielleicht erstaunt. Und das gilt vor allem für die Sexualität.

Immerhin ist dies ein heiß diskutiertes Thema. Einige Leute halten die Homosexualität für eine genauso »gültige« und »gesunde« sexuelle Orientierung wie die Heterosexualität. Andere sind der Meinung, es sei eine schreckliche »Krankheit«, die »geheilt« werden müsse. Die Theorien darüber, wie es kommt, dass ein Mensch schwul wird, und was dagegen unternommen werden kann oder sollte, sind sehr unterschiedlich.

Wenn Ihr Kind Ihnen also eröffnet, es sei schwul, oder wenn Sie den Verdacht haben, es könnte schwul sein, wird Ihre erste Reaktion Schock sein. Es kann ein paar Tage oder Wochen dauern, bis Sie sich an den Gedanken gewöhnen. Diese Reaktion ist vollkommen normal. Wenn Ihr Kind Ihnen eine solche Eröffnung macht, hat es bereits Zeit gehabt, sich damit abzufinden und über den Einfluss nachzudenken, den diese Nachricht auf Ihre Beziehung haben wird. Sie dagegen haben gerade mal zwanzig Sekunden, um das zu verdauen!

Top Tipp:

Wenn Ihr Kind Ihnen mitteilt, es sei schwul, oder wenn Sie den Verdacht haben, dass es schwul sein könnte, werden Sie zuerst vermutlich schockiert sein.

»Habe ich etwas Falsches gesagt?«

Aber Schock ist erst die Anfangsphase eines längeren Prozesses des sich Abfindens mit der Homosexualität eines Kindes. Wenn Eltern erfahren, dass ihr Kind schwul ist, durchleben sie eine Fülle von Emotionen, ähnlich denen der Trauer:

Schock -> Leugnung -> Schmerz -> Annahme.

Wenn Ihre erste Reaktion also Schock ist, dann wird Ihre

zweite vielleicht Leugnung oder Unglauben sein. »Bist du sicher?«

Manchmal vertrauen Schwule einem Freund oder den Eltern ihr Geheimnis an, nur um zu sehen, ob das immer noch glaubhaft klingt, nachdem sie es ausgesprochen haben. Aber halten Sie nicht die Luft an und hoffen Sie darauf, dass Ihr Kind eine Veränderung durchlaufen wird, denn die überwiegende Mehrheit der Homosexuellen riskiert nicht die Ablehnung der Eltern, wenn sie nicht 99-prozentig sicher sind, dass das auch so ist. Ihr Kind wird es Ihnen anvertrauen, weil Sie ihm wichtig sind und es die Bestätigung haben möchte, dass Sie es lieben. Es ist nicht einfach, schwul zu sein. Es ist vielleicht kein Verbrechen mehr wie noch zu Beginn des zwanzigsten Jahrhunderts, aber die Bezeichnung »homosexuell« ist noch immer mit einem Makel behaftet. Bestimmt war es für Ihr Kind ein sehr großer Schritt, es Ihnen überhaupt mitzuteilen!

Der dritte Schritt im Prozess des Sich-Abfindens mit der Homosexualität Ihres Kindes ist nicht sosehr Schmerz als eher *Verwunderung* und *Schuldgefühle*. Die meisten Eltern stecken voller Fragen, wenn sie erfahren, dass ihr Kind schwul ist. »Woher kommt das? Warum ich? Warum ausgerechnet mein Kind? Habe ich etwas Falsches gesagt? Habe ich etwas falsch gemacht? Hat es das von mir? Was ist mit Enkeln?«

Wenn sie anfangen, sich mit der Situation abzufinden, müssen sich die meisten Eltern eines schwulen Kindes, ob sie Homosexualität nun akzeptieren oder vollkommen ablehnen, ihren Schuldgefühlen stellen. Tief in ihrem Inneren hegen sie die irrationale Furcht, etwas, das sie gesagt oder getan haben, oder ein Gen in ihrer DNA könnte für die sexuelle Orientierung ihres Kindes verantwortlich sein, dafür, dass es zumindest in der Gesellschaft große Probleme haben wird. Aber so mächtig diese Schuldgefühle auch sein mögen, sie sind fehl am Platze. Niemand weiß, warum ein Mensch schwul ist und ein anderer nicht. Das ist noch immer ein wissenschaftliches Geheimnis. Aber aus der Forschung in Bezug auf die Ursachen für Homosexualität (oder Heterosexualität) geht eindeutig hervor, dass es keine einfache Erklärung dafür gibt.

Das heißt also: Selbst wenn Sie das Leben Ihres Kindes im Schnelldurchgang zurückdrehen könnten, so wie eine Videocassette, würden Sie nichts finden, was Sie gesagt oder getan haben oder eben nicht gesagt oder getan haben, das *für seine Homosexualität verantwortlich ist*. Und außerdem kann man Homosexualität nicht von einem Elternteil »vererbt« bekommen wie eine Krankheit: Fast alle Homosexuellen stammen aus ausschließlich *hetero*sexuellen Elternhäusern. Und Sie können die Homosexualität nicht einmal den Genen zuschreiben, die sie von Ihnen geerbt haben. Die Problematik der Homosexualität ist nämlich sehr viel komplizierter.

Top Tipp:

Verrennen Sie sich nicht in den Gedanken, die Homosexualität Ihres Kindes sei Ihre Schuld – die Ursachen dafür sind sehr viel komplizierter.

Vollkommene Veränderung?

Lange Zeit wurde Homosexualität von der Öffentlichkeit als eine bereitwillige, eigensinnige und üble Praxis betrachtet, die eine anständige, zivilisierte Gesellschaft nicht akzeptieren könnte. Doch zu Beginn des zwanzigsten Jahrhunderts, als die Psychologie noch in den Kinderschuhen steckte, begann sich diese Art des Denkens zu verändern. Ärzte und Psychologen begannen, die Homosexualität als eine Art Krankheit zu sehen, die behandelt werden konnte, zumindest in der Theorie. Homosexualität wurde als eine »Perversion« des »normalen« Sexualtriebes betrachtet und Homosexuelle wurden in die Kategorie der »Abweichler« eingeordnet. Das änderte sich erst im Jahr 1973, als sowohl die American Psychiatric Association als auch die Weltgesundheitsorganisation die Homosexualität offiziell von ihrer Liste der »psychischen Krankheiten« strichen.

Im Gegensatz zu der Meinung der Leute war diese Änderung der medizinischen Meinung nicht auf eine »tolerante« Gesellschaft zurückzuführen, sondern auf die Tatsache, dass die Ärzte allmählich ein besseres Verständnis davon bekamen, was für ein *Typ* Mensch schwul war. Damals in den fünfziger Jahren lauteten die drei wichtigsten medizinischen Erklärungen für Homosexualität Hormone, Erbanlagen und die häusliche Umgebung. Man ging davon aus, dass Schwule in psychologischer Hinsicht *ab*normal waren. Der Grund dafür ist einfach: Diese Erklärungen wurden von Ärzten und Psychologen gegeben, deren Meinung auf dem beruhte, was ihre schwulen Patienten ihnen erzählten. Aber diese Patienten waren natürlich Menschen, die Hilfe suchten, weil sie den Eindruck hatten, dass Homosexualität tatsächlich abnormal war.

In den siebziger Jahren wurde klar, dass Homosexuelle, abgesehen von ihrer sexuellen Orientierung, *genauso* normal waren wie Heterosexuelle. Wenn wir das Wort »homosexuell« hören, denken wir vermutlich zuerst an sehr weibliche Männer und »Mannweiber«, aber das ist längst noch nicht alles. Es ist falsch anzunehmen, dass alle schwulen Männer »weiblich« sind (oder dass alle sehr weiblichen Männer schwul sind), sowie es falsch ist zu denken, dass alle heterosexuellen Männer so sehr Macho sind wie Arnold Schwarzenegger (oder dass alle Machos heterosexuell sind)!

Das heißt: Homosexualität hat überhaupt nichts mit dem zu tun, was uns körperlich »männlicher« oder »weiblicher« macht: mit den Hormonen. Die Menschen sind nicht schwul, weil sie zu wenig ihrer eigenen Sexualhormone oder zu viel der Hormone des anderen Geschlechts haben. Medizinisch gesehen sind schwule Männer und Frauen vollkommen normal. Es ist sogar so, dass wir alle sowohl männliche Hormone (wie Testosteron) als auch weibliche Hormone haben (Östrogen). Einige Männer sehen »weiblicher« aus, weil ihr Körper zu viel Östrogen produziert oder zu wenig Testosteron. Und manche Frauen wirken »männlicher« als andere, weil ihr Körper zu viel Testosteron oder zu wenig Östrogen produziert. Aber das alles hat nichts mit Homosexualität zu tun. Ein Ungleichgewicht des Hormonhaushalts kann sich auf das Aussehen auswirken, aber es gibt keinen Hinweis darauf, dass »verweichlichtes« oder »männliches« Verhalten auf einen Mangel der betreffenden Sexualhormone zurückzuführen ist.

Sogar ganz im Gegenteil. Einige Menschen leiden unter

einem Hormonmangel, der durch eine seltsame Anzahl von Chromosomen verursacht wird: dichte DNA-Schlangen, die jeweils Tausende Gene enthalten. Fast jede Zelle in Ihrem Körper verfügt über sechsundvierzig Chromosomen, von denen zwei, »X« (weiblich) und »Y« (männlich), Ihr Geschlecht bestimmen. Frauen haben in der Regel zwei X-Chromosomen, Männer ein X- und ein Y-Chromosom. Aber Frauen, die am Turner-Syndrom leiden, haben nur ein X-Chromosom und brauchen von der Pubertät an regelmäßig Östrogeninjektionen, damit die Brüste anfangen zu wachsen und die Menstruation einsetzt. Wenn Homosexualität auf ein Ungleichgewicht der Hormone zurückzuführen wäre, dann müssten Frauen mit dem Turner-Syndrom, die keine zusätzlichen Hormone bekommen, schwul sein. Tatsächlich ist es aber so, dass sie dazu neigen, am Sex allgemein nicht besonders interessiert zu sein. Außerdem benehmen sich Frauen, die am Turner-Syndrom leiden, nicht männlicher, sondern viel eher weiblicher. Ähnlich ist das bei Männern mit dem Klinefelter-Syndrom, die zusätzlich zu dem Y-Chromosom noch zwei X-Chromosomen haben. Ohne Testosteroninjektionen sehen sie vielleicht weiblicher aus, aber hinsichtlich ihres *Verhaltens* oder ihrer sexuellen Orientierung besteht keinerlei Unterschied zu anderen Männern.

Das heißt, wenn Sie einen Sohn haben, der sich mehr für das Kochen interessiert als für Fußball, oder eine Tochter, die lieber mit Hanteln spielt als mit Barbiepuppen, ziehen Sie nicht voreilig den Schluss, sie seien vielleicht homosexuell, und laufen Sie nicht sofort zum Psychologen. Und wenn Ihr sonst so »normales« Kind Sie darüber in Kenntnis setzt, dass es tatsächlich schwul ist, rechnen Sie nicht damit, dass es über Nacht zu einem anderen Menschen wird. Einige schwule Menschen stimmen von Natur aus mit den traditionellen Stereotypen überein, die überwiegende Mehrheit jedoch nicht. Ihr Kind wird genau derselbe Mensch sein, der es war, bevor es Ihnen die Wahrheit über sich gesagt hat.

Top Tipp:

Nur wenige schwule Menschen entsprechen den typischen Schwulen. Erwarten Sie also nicht, dass sich Ihr Kind in jemand anderen verwandelt, nur weil es homosexuell ist.

Ein anständiges Paar Gene …

Wenn der Grund für Homosexualität nicht in den Hormonen zu finden ist, wodurch wird sie denn dann hervorgerufen? Auf den ersten Blick scheint es zwei »Hauptverdächtige« zu geben: *Erbanlagen* (»Natur«) und die *häusliche Umgebung* (»Erziehung«). Ist eines dieser Kriterien dafür verantwortlich?

Im Rahmen der gegenwärtig noch andauernden Arbeit, einen Plan der gesamten menschlichen »Genome« zu erstellen, die Auflistung der Aufgaben der einzelnen DNA-Stränge im Körper, behaupten einige Wissenschaftler, ein »Schwulen«-Gen gefunden zu haben. Ihrer Überzeugung nach gibt es eine DNA-Sequenz, die sich bei vielen Homosexuellen wiederholt, bei heterosexuellen Menschen aber nicht zu finden ist, was sehr stark darauf schließen lässt, dass die Ursache der homosexuellen Orientierung in den

Genen der Menschen zu finden ist. Viele Gruppierungen von Homosexuellen sind auf diese Entdeckung angesprungen als klaren Beweis, dass sie nichts für ihre Veranlagung können und auch gar nicht zu versuchen brauchen, ihre Orientierung zu ändern. Sie sind schwul, weil ihre Gene sie zu Homosexuellen machen. Ihre DNA hat das so vorherbestimmt.

Auch wenn diese Erklärung einigen Leuten sehr gelegen kommt, sie lässt sich nicht halten. Die Schwachstellen werden klar, wenn man sich Studien zu eineiigen Zwillingen ansieht. Eineiige Zwillinge sind für die Genetiker sehr wichtige Studienobjekte, da ihre DNA vollkommen übereinstimmt. Das heißt, jeder Unterschied in ihrem Verhalten oder ihrer Persönlichkeit kann nicht auf ihre Gene zurückgeführt werden, weil ihre Gene *identisch* sind. Sie können nur daherrühren, dass die Zwillinge unterschiedliche Erfahrungen gemacht oder leicht abweichende Entscheidungen getroffen haben. Wenn Homosexualität allein mit den Genen des Menschen zusammenhinge, würde die sexuelle Orientierung von Zwillingen übereinstimmen. Entweder wären *beide* schwul oder *keiner* von ihnen wäre es. Nur leider ist es so nicht. Es gibt eineiige Zwillinge mit unterschiedlicher sexueller Orientierung: Der eine ist schwul, der andere nicht.

Aber bei dieser Theorie gibt es noch eine andere Schwachstelle, die in der Wissenschaft der Genetik begründet liegt. Ein einziges Gen oder eine Gengruppe kann sicherlich bestimmte Dinge wie Größe, Haarfarbe, Hautfarbe oder Gewichtsanlage *vorherbestimmen*. Gene können auch die Persönlichkeit eines Menschen zum großen Teil formen. Das ist der Grund dafür, dass eineiige Zwillinge, die aus dem einen oder anderen Grund auseinander gerissen wurden, ein sehr ähnliches Temperament haben. Aber Gene können die Persönlichkeit eines Menschen nicht vorherbestimmen, darum werden eineiige Zwillinge, die auseinander gerissen werden, auch viele Charakterunterschiede aufweisen.

Um es offen zu sagen, das menschliche Verhalten ist zu vielschichtig, um in den Genen wie ein Radio voreingestellt oder weitergegeben zu werden. Es ist natürlich klar: Wenn Verhalten von den Genen vorherbestimmt wäre, brauchten die Schule und die Eltern den Kindern nicht beizubringen, wie sie sich zu verhalten haben. Sie würden mit Ihrem Kind nicht über kluges und verantwortungsbewusstes sexuelles Verhalten sprechen müssen (wie auch immer die Orientierung ist); das würden automatisch die Gene übernehmen. Natürlich wissen Sie als Eltern nur zu gut, dass die Kinder *lernen* müssen, wie sie sich zu verhalten haben. Und sexuelles Verhalten ist vielleicht der vielschichtigste Bereich überhaupt. Es ist nicht durch die DNA im Voraus festgelegt, selbst wenn die Gene den Menschen einen Stoß in die eine oder andere Richtung geben.

Das wurde vor kurzem den Angestellten eines südafrikanischen Tierreservats nur allzu deutlich, als eine Gruppe junger männlicher Elefanten außer Kontrolle geriet und Touristen angriff. Außerdem versuchten die Tiere, sich mit den weiblichen Rhinozerossen des Reservats zu paaren oder sie zu töten. Ein Elefant tötete sogar einen professionellen Tierjäger, der die Aufgabe hatte, ihn zu erschießen! Nachdem sie die außer Rand und Band geratenen Tiere über einen Zeitraum von drei Jahren hinweg beobachtet hatten, kamen die Experten des Reservats zu einer erstaunlichen Schlussfolgerung: Die Tiere zeigten dieses Fehlverhalten, weil ihre Mütter sie nicht gelehrt hatten, sich angemessen zu verhalten. Nachdem die jungen Elefanten entwöhnt waren, hatten die Tierpfleger sie von ihren Müttern getrennt. Sie brachten sie in andere Tierreservate. Doch das Ergebnis dieser Vorgehensweise war katastrophal: Obwohl ihre Gene vollkommen in Ordnung waren, wussten die jungen Elefanten nicht, wie sie sich verhalten sollten, weil ihnen nie beigebracht worden war, sich angemessen zu verhalten.

Die DNA Ihres Kindes ist also nicht schuld daran, wenn Ihr Kind schwul ist. Gene können eine große Rolle spielen, aber sie sind nicht die alleinige Ursache. Sie haben nicht die vollkommene Kontrolle über etwas so Kompliziertes wie sexuelle Orientierung und sexuelles Verhalten.

Top Tipp:

Die DNA Ihres Kindes hat vielleicht eine wichtige Rolle dabei gespielt, dass es schwul geworden ist, aber die Gene sind nicht allein dafür verantwortlich.

Home, sweet home

Wenn also nicht die »Natur« verantwortlich ist, dann bleibt ja nur noch die »Erziehung«. Die dritte, in den fünfziger Jahren gängige Erklärung für die Ursache von Homosexualität außer Hormonen und Erbanlagen hing mit der häuslichen Umgebung des Kindes zusammen. Vor allem Ärzte und Psychologen waren davon überzeugt, dass schwule Männer (lesbische Frauen wurden bei der Ursachenforschung eher außer Acht gelassen) im Grunde genommen »Muttersöhnchen« waren.

Damit schlossen sie sich einer Ansicht an, die bereits im Jahre 1730 in einem Buch mit dem Titel *Plain Reasons for the Growth of Sodomy in England* (dt.: Offensichtliche Gründe für den Anstieg von Sodomie in England, Anm. d. Übers.) geäußert wurde. Damals argumentierte der Autor, Homosexualität sei eine Gefahr für die Gesundheit der Bürger des Britischen Empires. Er wandte sich vor allem dagegen, dass kleine Jungen »verhätschelt« und in von Frauen geleitete Kindergärten geschickt wurden!

Bis zu den fünfziger Jahren hatte sich diese Ansicht weiter ausgeweitet: Jungen mit dominierenden Müttern und schwachen Vätern, so argumentierten einige Ärzte, wüchsen ohne starken männlichen Einfluss auf und lernten nicht, »richtige Männer« zu sein. Deshalb würden sie häufig als »Waschlappen« verschrien und bekämen allmählich eine negative Einstellung zu der traditionellen »maskulinen« Rolle, sowohl in der Gesellschaft als auch beim Sex. Da ihnen das Selbstvertrauen fehle und gehemmt durch ein niederdrückendes Gefühl der Minderwertigkeit, könnten sie mit Mädchen nicht umgehen und wendeten sich stattdessen gleichgesinnten Jungen zu. Da heute jedoch zunehmend klar wird, dass schwule Männer in der Regel keine »Muttersöhnchen« sind, ist der Wert dieser Theorie als Erklärung für die Ursachen von Homosexualität praktisch gleich null.

Die Wahrheit ist, dass schwule Männer und Frauen in einer häuslichen Umgebung aufgewachsen sind, die genauso vielfältig und »normal« ist wie die von heterosexuellen Männern und Frauen. Im Familienleben oder Hintergrund eines Homosexuellen ist keine Ursache für diese spezielle sexuelle Orientierung zu finden. Es gibt keine gemeinsame Verbindung zwischen der häuslichen Umgebung und der Erziehung von homosexuellen Menschen. Soweit wir wissen, hat es im Laufe der Geschichte in allen Kulturen Homosexualität gegeben, allerdings war die Haltung, die ihr entgegengebracht wurde, unterschiedlich. Die Griechen und Römer zum Beispiel hatten eine positive Einstellung zur männlichen homosexuellen Aktivität, wenn es auch strenge Regeln gab, wer was mit wem tun durfte. Unser Wort für eine homosexuelle Frau, Lesbierin, ist abgeleitet von der griechischen Insel Lesbos, wo die Dichterin Sappho, deren Werke etwa 600 v. Chr. entstanden sind, Sex zwischen Frauen bemerkt haben soll. In keiner dieser Kulturen sind identifizierbare Umstände zu finden, die für die homosexuelle Orientierung eines Kindes verantwortlich sein könnten.

Man kann sogar auf etwas anderes schließen. In einigen alten Kulturen, wie zum Beispiel in Neu-Guinea und Australien, wurde homosexuelle Aktivität als eine »Phase« betrachtet, die alle Männer zwischen der Pubertät und Ehe durchmachen – eine Art »Durchgangsritus«. Doch während diese Gesellschaften erwarteten, dass alle Jungen eines gewissen Alters sich homosexuell verhielten, hat dies ihre fundamentale sexuelle Orientierung nicht verändert. Wenn diese »homosexuelle« Periode vorüber war, ging die Mehrheit ausschließlich *heterosexuelle* Beziehungen ein. Das heißt, selbst diese Art der »sozialen Konditionierung« konnte »normale« Menschen nicht homosexuell oder homosexuelle Menschen nicht »normal« machen. Menschliches Verhalten und Sexualität sind viel komplizierter.

Also denken Sie bitte nicht, dass irgendetwas, das Sie getan haben oder tun werden oder nicht getan haben oder vielleicht zu einem bestimmten Zeitpunkt in der Zukunft unterlassen werden, allein verantwortlich ist für die Veränderung der sexuellen Grundeinstellung Ihres Kindes. Wissenschaftler haben schon lange die Vorstellung aufgegeben, es gäbe allein eine Ursache für Homosexualität. Die plausibelste Erklärung für die Homosexualität oder Heterosexualität (oder Bisexualität, das heißt, eine Person fühlt sich zu beiden Geschlechtern hingezogen) eines Menschen ist eine Kombination von verschiedenen Faktoren, die alle miteinander verwoben sind, und keiner ist davon allein verantwortlich.

Top Tipp:

DNA und häusliche Umgebung zusammen bestimmen, ob ein Kind schwul ist oder nicht. Also suchen Sie nicht nach einer einfachen Ursache.

»Ich bin einfach nicht mit dem Herzen dabei!«

Wenn es keine einfache Ursache für die Homosexualität eines Menschen gibt, dann gibt es auch keinen einfachen Weg zu verhindern, dass jemand schwul wird. Das ist eine unwillkommene Nachricht für Eltern, die Angst haben, dass ihr Kind schwul ist oder sein könnte, und die sich von Herzen wünschen, es wäre es nicht. Einige Eltern sind davon überzeugt, dass Homosexualität eine »Perversion« ist, und sie möchten ihr Kind frei davon sehen. Andere haben keine moralischen Einwände, wollen ihm aber die

Qual ersparen, als Schwuler in einer Welt leben zu müssen, in der Homosexualität nicht allgemein anerkannt ist.

Doch Tatsache ist: Sie können Ihr Kind nicht heterosexuell machen, genauso wenig, wie Sie es *homo*sexuell machen können. Obwohl unsere Entscheidungen, sowohl große Entscheidungen wie auch unwichtig erscheinende, genauso sehr dazu beitragen, unsere Persönlichkeit zu formen, wie unsere Gene und unsere Umgebung, haben schwule Menschen nicht den Eindruck, über ihre sexuelle Orientierung entscheiden zu können. Denn welcher Mensch mit gesundem Menschenverstand würde sich *bewusst* dem emotionalen Trauma und sozialer Diskriminierung aussetzen, die in der heutigen Zeit und in unserem Jahrhundert mit der Homosexualität verbunden sind?

Die meisten schwulen Menschen sind sich schon im Alter von fünf oder sechs Jahren über ihre Sexualität im Klaren, selbst wenn sie ein weiteres Jahrzehnt brauchen, um sie als das zu *erkennen*, was sie ist, und vielleicht noch ein weiteres Jahrzehnt, um sie *offen zu legen*. Mit fünf oder sechs können die meisten das Wort »Sex« nicht einmal buchstabieren, geschweige denn bewusste Entscheidungen über einen so komplexen Bereich wie den der sexuellen Orientierung treffen. Mit anderen Worten, die überwiegende Mehrheit schwuler Kinder *entscheidet* nicht, homosexuell zu sein, so wie heterosexuelle Kinder keine bewusste Entscheidung treffen, heterosexuell zu sein. Es ist nicht *ihre* Entscheidung, so wie es auch nicht *Ihre* Entscheidung als Eltern ist.

Aber wenn sie nicht bewusst darüber entscheiden können, dann können sie es bei neunundneunzig von hundert Fällen auch nicht ändern. In der Vergangenheit haben Ärzte, die versuchten, Homosexualität zu »heilen«, häufig eine heterosexuelle Beziehung als effektives Heilmittel verschrieben. In dem James Bond-Film *Goldfinger* wird das lesbische Mädchen Pussy Galore nach nur einer Nacht mit 007 auf wundersame Weise zur Heterosexualität bekehrt! Im wirklichen Leben jedoch wurde durch solche »Kuren« nur das *Handeln* verändert, nicht die *Orientierung*. Und deshalb hat sich das »Heilmittel« häufig als genauso schlimm entpuppt wie die »Krankheit«, wenn nicht sogar als noch schlimmer. Schwule Männer und Frauen waren gebunden an einen ungeliebten Ehepartner, den sie nicht einmal attraktiv fanden. Und bisexuelle Männer und Frauen lebten ihre heterosexuellen Gefühle und Wünsche aus und taten so, als hätten sie ihre homosexuellen Gefühle und Wünsche »bewältigt«, obwohl sie eigentlich nur verdrängt worden waren.

Wenn sich Ihr Kind mit seiner Sexualität *unwohl* fühlt, bitten Sie Ihren Hausarzt, den Kontakt zu jemandem herzustellen, mit dem es darüber reden kann, vielleicht einen qualifizierten Experten, der ihm hilft, diese Themen langsam aufzuarbeiten. Aber wenn Ihr Kind seine Homosexualität akzeptiert hat, versuchen Sie nicht, sie zu ändern oder ihm das auszureden. Sie werden nichts anderes erreichen, als eine Kluft zwischen sich und Ihrem Kind zu schaffen. Sie werden Ihrer Beziehung schaden und jede Vertrauensbasis zerstören. Um es einfach auszudrücken: Je mehr Sie versuchen, Ihr Kind zu verändern, desto mehr vermitteln Sie ihm die Botschaft, dass Sie es nicht so lieben, wie es ist, und das ist der sicherste Weg in die Katastrophe.

Top Tipp:

Wie immer Ihre moralischen Ansichten auch sein mögen, versuchen Sie nicht, die Sexualität Ihres Kindes zu verändern – es wird denken, Sie würden es nicht so lieben, wie es ist.

»Gib mir bedingungslose Liebe«

In dem Film *Der Club der toten Dichter* wird Neil Perry von seinem Vater bedrängt, Arzt zu werden. Nicht dass er Neil ausdrücklich das Medizinstudium vorschreibt, er möchte nur, dass sein Sohn etwas hat, auf das er zurückgreifen kann. Sorgfältig plant er die ersten einundzwanzig Jahre von Neils Leben, und er hält alles, was Neil tut, stark unter Kontrolle. Damit er sich auf seine Studien konzentrieren kann, verbietet er Neil alle Aktivitäten außerhalb des Unterrichts. Aber Neil selbst hat andere Vorstellungen, und als er heimlich für eine Inszenierung von *Ein Sommernachtstraum* vorspricht und die Hauptrolle bekommt, weiß er, dass er gefunden hat, was er mit seinem Leben anfangen möchte: Er möchte Schauspieler werden. Als Mr. Perry das herausfindet, spielt er verrückt. Er liebt Neil, aber er ist überzeugt davon, dass sein Sohn seine Zukunft und sein Glück aufs Spiel setzt, wenn er nicht mindestens die medizinische Qualifikation erwirbt. Darum beschließt er, ihn aus dieser strengen, reglementierten Schule zu nehmen und ihn auf eine noch strengere Schule zu schicken, in der es noch mehr Reglementierungen gibt.

Leider übermittelt dies Neil die Botschaft, dass sein Vater ihn nur unter der Bedingung lieben kann, dass er aufhört, er selbst zu sein. Immerhin ist die Schauspielerei der Bereich, in dem er sich besonders lebendig und im Einklang mit seiner Persönlichkeit fühlt. Wenn sein Vater ihn nicht als Schauspieler lieben kann, denkt Neil, kann er ihn überhaupt nicht lieben. Er liebt nur die respektable, präsentable, medizinische Version, die Neil seiner Meinung nach sein soll. Und damit kann Neil nicht leben, weil das nicht mit dem übereinstimmt, was seiner Meinung nach seine eigentliche Persönlichkeit ist. Er gerät in eine Depression und setzt seinem Leben schließlich mit dem Gewehr seines Vaters ein Ende.

Das Teenageralter ist der Zeitpunkt, an dem viele ihre sexuelle Orientierung erkennen. Die Betroffenen stecken dann bereits mitten in der schwierigsten Zeit ihres Lebens. In der Phase des Abfindens mit der eigenen Homosexualität sind junge Leute besonders verletzlich. Vielleicht besteht keine Selbstmordgefahr, aber trotzdem sind sie zögernd, sehr unsicher, und sie haben noch den Schock ihrer Erkenntnis zu verarbeiten.

Das Stigma, das der Homosexualität noch immer anhaftet, trägt zu dem starken Gefühl der Isolation bei, die von dem Wissen herrührt, dass man anders ist als die meisten Freunde. Das kann die Gefühle eines Teenagers ganz schön in Aufruhr bringen. Die meisten Teenager wollen genauso sein wie ihre Freunde. Das Gefühl, akzeptiert zu sein, hilft ihnen, ein angemessenes Selbstwertgefühl zu entwickeln.

Wenn Ihr Kind schwul ist, weiß es instinktiv, dass seine Freunde Probleme haben werden, das zu akzeptieren. Darum sucht es dieses Gefühl der Akzeptanz woanders, und ob es Ihnen nun gefällt oder nicht, es sucht dieses Gefühl bei Ihnen.

Jedes Kind muss wissen, dass seine Eltern es bedingungslos lieben, ohne Wenn und Aber. Es muss sich angenommen, geliebt, willkommen, ermutigt fühlen, und es muss das Gefühl haben, dass es Ihnen wichtig ist. Kinder müssen wissen, dass Sie sie immer lieben werden, egal, welchen Verlauf ihr Leben nimmt, was immer sie tun oder wohin sie sich auch wenden. Selbst wenn Sie ihr Tun missbilligen, selbst wenn Sie den Eindruck haben, Ihr Kind sei wirklich ein »verlorener Sohn«, dürfen Sie es nie verurteilen oder ihm Bedingungen für Ihre Liebe auferlegen. Selbst wenn Sie die Kinder auf ihre Fehler hinweisen und bestrafen müssen, werden Sie das auf eine Art und Weise tun, dass sie verstehen, dass Sie nicht aufhören können, sie zu lieben, selbst wenn Sie es versuchen würden. Sie müssen wissen, dass Sie sie um ihrer selbst willen lieben, nicht wegen dem, was sie tun oder nicht tun. Ohne diese bedingungslose Liebe können sich die Emotionen Ihres Kindes nicht angemessen entwickeln.

Das gilt auch, wenn Ihr Kind schwul ist. Es wird sogar noch wichtiger, da schwule Menschen häufig viel Feindseligkeit und negativen Kommentaren von ihrer Umwelt ausgesetzt sind. Wenn Ihr Kind Ihnen mitgeteilt hat, dass es schwul ist, können Sie sicher sein, dass es das nicht getan hat, um Sie in Bezug auf sein Privatleben auf dem Laufenden zu halten. Es sucht nach der Bestätigung und Beruhigung, die nur Sie als Eltern ihm geben können.

Die eigene Sexualität zu entdecken und zu erforschen ist schon schwer genug, ob man nun homosexuell ist oder heterosexuell. Es ist immer voller Risiken und mit Anspannung behaftet. Wie leicht kann man verletzt werden oder Fehler machen. Wie leicht kann man sich vom Augenblick mitreißen lassen, sodass man das große Bild aus dem

Blick verliert und nicht verantwortungsbewusst handelt. Wie leicht kann man die eigene Bedeutung aus dem Blick verlieren und denken, man sei nichts wert. Solche Fehler und Fehlvorstellungen zu verhindern ist sehr viel leichter, wenn man sich der bedingungslosen Liebe der Eltern bewusst ist.

Darum bemühen Sie sich, ungeachtet Ihrer persönlichen Ansichten zum Thema Homosexualität, niemals blind zu werden der Notwendigkeit gegenüber, Ihrem Kind bedingungslose Liebe entgegenzubringen. Es wird Ihnen vielleicht schwer fallen, sich damit abzufinden, das ist bei den meisten Eltern so. Sie haben vielleicht moralische Einwände der Homosexualität Ihres Sohnes oder Ihrer Tochter gegenüber. Aber Ihre Aufgabe als Eltern ist es nicht, ihre Sexualität zu bestimmen oder sexuelle Entscheidungen für sie zu treffen. Ihre Aufgabe ist es, ihnen die Liebe und Unterstützung zu geben, die sie brauchen, um das selbst zu übernehmen.

Top Tipp:

Ihr Kind braucht Ihre bedingungslose Liebe, damit es sich mit seiner Sexualität abfinden und seine eigenen sexuellen Entscheidungen treffen kann.

9. »Das ist unser kleines Geheimnis …«

Mit Ihrem Kind über sexuellen Missbrauch sprechen

Als die prestigeträchtige Reederei White Star im April 1912 den königlichen Luxusdampfer *Titanic* vom Stapel laufen ließ, war sie zuversichtlich, nicht nur eines der größten Passagierschiffe der Welt gebaut zu haben, sondern auch das sicherste. Seine genietete Stahlkonstruktion mit dem doppelten Boden und die elektrisch betriebenen wasserdichten Schotts verführten die Presse dazu, dieses Schiff als »unsinkbar« zu rühmen. Doch fünf Tage, nachdem es zu seiner Jungfernfahrt nach New York ausgelaufen war, rammte die *Titanic* einen Eisberg. Der Rest ist, wie man so schön sagt, Geschichte. Nie wieder würden Schiffsbauer so anmaßend sein. Nie wieder würden sie wagen zu glauben, das Undenkbare könnte ihnen nicht zustoßen.

Für die meisten von uns ist die Vorstellung, unser Kind könnte vergewaltigt oder missbraucht werden, einfach undenkbar. Es ist eine so erschreckende Vorstellung, dass wir sie ganz schnell wieder von uns schieben, unfähig, oder nicht bereit, dies als eine reale Möglichkeit in Betracht zu ziehen. Sexueller Missbrauch ist immer etwas, das *anderer Leute* Kinder zustößt, nicht den eigenen. Aber diese Einstellung zu übernehmen bedeutet, eine mögliche Katastrophe ebenso anzuziehen wie die übertrieben selbstbewusste Haltung der White Star, die zum tragischen Verlust der *Titanic* führte.

Mit Ihrem Kind über das Risiko des sexuellen Missbrauchs zu sprechen, ist nicht nur klug, es ist sogar unerlässlich. Wir müssen eine mögliche Gefahr so ernst nehmen, dass wir angemessene Sicherheitsmaßnahmen ergreifen, ohne überzureagieren. Es ist wichtig, diese Angst im Rahmen zu halten, einen Kurs zwischen Selbstgefälligkeit und Paranoia zu steuern. Wir dürfen nicht zulassen, dass unsere Ängste den Träumen unseres Kindes im Weg stehen. Unsere Furcht vor einem möglichen Missbrauch darf nicht so groß werden, dass wir unsere Kinder Tag und Nacht unter Aufsicht haben wollen oder sie lebenslang einsperren. Nach dem Untergang der *Titanic* hat die Regierung nicht alle transkontinentalen Schiffsreisen unterbunden, sondern die Sicherheitsvorschriften verschärft. Auch Fluglinien stellen nicht ihren Betrieb ein, nur weil sie um die Möglichkeit eines Flugzeugabsturzes wissen. Vielmehr ergreifen sie sorgfältige Vorsichtsmaßnahmen. Vor jedem Flug werden für alle Passagiere die Sicherheitsmaßnahmen erläutert. Das Ziel ist leicht zu erkennen: Passagiere und Crew sollen nicht verängstigt werden, sondern es soll sichergestellt werden, dass jeder weiß, wie er sich zu verhalten hat, sollte das »Undenkbare« passieren und eine Notlandung nötig werden.

Top Tipp:

Es ist wichtig, die Möglichkeit eines sexuellen Missbrauchs Ihres Kindes einzukalkulieren. Unwissenheit öffnet der Katastrophe Tür und Tor.

Eins in einer Million?

Sexueller Kindesmissbrauch kommt alarmierend häufig vor. In den Vereinigten Staaten, wo viel Forschung betrieben wurde hinsichtlich der Häufigkeit von sexuellem Missbrauch, wird der konservativen Schätzung von Experten zufolge eines von fünf Kindern bis zur Vollendung seines achtzehnten Lebensjahres in irgendeiner Form sexuell missbraucht, sei es nun »Missbrauch« als Kind oder »Nötigung« oder Vergewaltigung (auch die so genannte »Freundschaftsvergewaltigung«) als Jugendlicher. Studien in Großbritannien setzen diese Zahl sehr viel niedriger an, etwa eins von zehn Kindern (eins von acht Mädchen, einer von zwölf Jungen), aber für diese niedrigere Rate mag eine Reihe von Faktoren verantwortlich sein, nicht zuletzt die berühmte britische Zurückhaltung.

Um es noch schärfer zu formulieren: Vermutlich kennen Sie mehrere Personen, die als Kinder sexuell missbraucht wurden. Natürlich tragen sie keine Armbinde, worauf sie das verkünden, auch steht nicht das Wort »Opfer« auf ihrer Stirn, darum besteht die Möglichkeit, dass Sie davon gar nichts wissen. Immerhin redet man nicht gern davon.

Aber das ist genau das Problem. Weil wir nicht darüber reden, schaffen wir eine Kultur des Schweigens um dieses Thema. Wir machen es zu einem Tabuthema. Weil es ein so schwieriges Thema ist, reden wir eben nicht darüber. Aber weil wir nicht darüber reden, bleibt es ein schwieriges Gesprächsthema. Außerdem sorgt die Tatsache, dass wir es umgehen, dafür, dass wir uninformiert bleiben, was wiederum verhindert, dass wir erkennen, wie wichtig es ist, eben doch darüber zu sprechen. Das Schweigen setzt sich fort, die Unwissenheit setzt sich fort, und es wird immer mehr Schaden angerichtet.

Unwissenheit ist kein Segen. Natürlich wollen wir unserem Kind oder uns selbst keine Angst machen. Es soll nicht jedem, den es kennt, misstrauen. Immerhin erleiden 90 Prozent der Kinder keinen Schaden. Aber wenn wir es nicht ausreichend über seine Rechte und das Fehlverhalten anderer Menschen informieren, dann bereiten wir es nicht auf den Umgang mit den Lügen vor, die ein Kinderschänder ihm auftischen wird. Wissen ist Macht: Indem Sie mit Ihrem Kind über die möglichen Gefahren reden, versetzen Sie es in die Lage, sich selbst zu schützen.

Top Tipp:

Kinder müssen, egal, wie alt sie sind, zu ihrem eigenen Schutz die Wahrheit über sexuellen Missbrauch erfahren.

Es war einmal

Schaden kann entstehen, wenn eine Person die Genitalien oder andere Körperteile eines Kindes berührt mit dem Ziel, sich selbst sexuell zu erregen, wenn es einen Penis oder andere Gegenstände in den Anus oder die Vagina einführt. Diese Person muss nicht unbedingt einen Orgasmus erreichen und dazu gehört auch nicht unbedingt Nacktheit. Ein Kind zu zwingen, explizit sexuelles Material zu lesen oder anzusehen, ist ebenfalls eine Form von Missbrauch. Dazu gehört auch die Ausbeutung eines Kindes zur sexuellen Befriedigung. Rechtlich gesehen wird ein »Kind« definiert als eine Person, die unfähig ist, informierte Zustimmung zu Sex zu geben, bei der sexuellen Begegnung zwischen Männern bedeutet dies unter achtzehn, bei einem sexuellen Kontakt zwischen Mann und Frau unter sechzehn.

Auf dem Hintergrund der vielen Missverständnisse, die es in Bezug auf sexuellen Missbrauch gibt, verdienen fünf Tatsachen besondere Erwähnung, weil sie so leicht übersehen werden.

1. Ihr Kind ist besonders in Gefahr bei einem Menschen, den es kennt. Als ein verurteilter Pädophiler aus dem Gefängnis in ein Eingliederungsprogramm entlassen wurde, gingen die Bewohner aus der Nachbarschaft protestierend auf die Straßen aus Angst um die Sicherheit ihrer Kinder. Doch die Furcht vor der »fremden Gefahr« hat sie blind gemacht für die Tatsache, dass die größte Gefahr für ihre Kinder im eigenen Umfeld zu finden ist. Zwei Drittel allen Missbrauchs geschieht durch Menschen, die die Kinder kennen und denen sie vertrauen. Die typische Person, die einem Kind Schaden zufügt, ist nicht der alte Mann im Regenmantel, sondern ein Elternteil, Bruder, Schwester, Onkel, Tante, Oma, Opa, Freund, Babysitter, Lehrer, Jugendarbeiter – eine Person, die Vertrauen genießt und mit Kindern allein ist. Natürlich ist es wichtig, alles in der Proportion zu sehen: Die meisten Menschen, die Ihr Kind kennt und denen es vertraut, vermutlich alle, würden sich nicht im Traum einfallen lassen, ihm Schaden zuzufügen. Aber wenn Ihr Kind das eine von zehn ist, das missbraucht wird, dann wird es vermutlich von jemandem missbraucht, mit dem es regelmäßig Kontakt hat und nicht von dem typischen Pädophilen.

2. Menschen, die Kinder missbrauchen, wirken äußerlich ganz normal. Im Jahr 1960 gelang es dem israelischen Geheimdienst, Adolf Eichmann, den Verantwortlichen für die Ermordung von sechs Millionen Juden im Holocaust, nach fünfzehn Jahren der Suche festzunehmen. Seine Gerichtsverhandlung machte in der ganzen Welt Schlagzeilen, doch besonders schockierte die Menschen, wie *normal* er wirkte. Lassen Sie sich nicht verleiten zu denken, Sie könnten einen Kinderschänder auf dreißig Schritte Entfernung erkennen. Abgesehen von ihrem Drang, Kinder zu missbrauchen, wirken sie in anderen Bereichen absolut normal, und genau das sind sie auch. Die meisten Erwachsenen, die Kinder missbrauchen, verbergen ihre abartige Veranlagung so sorgfältig wie den begangenen Missbrauch. Und obwohl viele selbst als Kind Opfer gewesen sind (wobei es wichtig ist, darauf hinzuweisen, dass die meisten Opfer nicht losziehen und Kindern selbst wieder Schaden zufügen), reden sie sich doch ein, sie würden nichts Falsches tun. Viele denken sogar, ihren Opfern würde diese Erfahrung Vergnügen bereiten.

3. Männer und Frauen missbrauchen Kinder. Obwohl Mädchen doppelt sooft missbraucht werden wie Jungen, wird der Missbrauch in 80 bis 95 Prozent der Fälle von Männern begangen. Trotzdem wäre es falsch zu denken, dass Frauen Kindern keinen Schaden zufügen oder dass sie sich nur Mädchen als Opfer aussuchen. Auch Frauen missbrauchen Kinder aktiv, andere sind passive Mitwisser des Missbrauchs an Kindern durch ihren Mann oder ihren

Partner. Sie lassen es zu, indem sie sich weigern, zu bemerken oder zuzugeben, was tatsächlich passiert.

4. Viele Männer, die Jungen missbrauchen, sind heterosexuell, und viele sind sogar verheiratet. Früher war man der Ansicht, dass Männer, die kleine Jungen missbrauchen, homosexuell seien, doch die Wahrheit ist, dass viel Missbrauch an Kindern desselben Geschlechts von *heterosexuellen* Menschen betrieben wird. (Tatsächlich ist es so, dass der typische »Pädophile«, wie das Wort schon sagt, dazu neigt, sich zu *Kindern* hingezogen zu fühlen, nicht zu Erwachsenen.) Beim *sexuellen Missbrauch geht es um Macht, nicht um Sex.* Viele verheiratete Kinderschänder behandeln ihre Frauen auf dieselbe missbräuchliche Weise wie Kinder. Es geht dabei um das Gefühl der Macht, die sie dadurch ausüben. Die sexuelle Orientierung spielt beim Missbrauch eigentlich keine Rolle – das Geschlecht des Opfers ist weniger wichtig als seine Verletzlichkeit, weil Missbrauch im Grunde genommen eine Form der sexuellen Schikane ist.

5. Sexueller Missbrauch ist ein gut gehütetes Geheimnis. Viele Eltern gehen davon aus, sie würden merken, wenn ihr Kind missbraucht wird; sie würden ihr Kind so gut kennen, dass sie jede Veränderung im Verhalten bemerken würden. Aber das Problem ist, dass die »klassischen« Warnsignale wie chronisch niedriges Selbstwertgefühl, unangemessenes sexuelles Verhalten oder Kenntnisse, zerstörerische Aktivität, Konzentrationsunfähigkeit, Furcht vor Nähe, körperliche Merkmale wie Abschürfungen etc., auch die Folge von einer Reihe anderer Dinge außer sexuellem Missbrauch sein können. Außerdem wird

Ihr Kind aus Angst, Schuldgefühlen und Scham freiwillig keinerlei Informationen darüber preisgeben.

Top Tipp:

Ihr Kind ist nicht immun gegen die Gefahr des Missbrauchs, und leider geht von Menschen, die es kennt und denen es vertraut, die größte Gefahr aus.

Der Schuldige

Alle Erwachsenen üben Macht über Kinder aus, und je näher ein Erwachsener dem Kind steht und je mehr Vertrauen ihm entgegengebracht wird, desto mehr Macht hat er. Das ist an sich nicht verkehrt. Es ist sogar gesund. Eltern und Schulen wären ohne das verloren. Wir verlassen uns auf die Macht und Autorität, die wir über unsere Kinder haben, um sie dazu zu bringen, alles zu tun, was gut für sie ist, vom Erledigen der Hausaufgaben über Höflichkeit anderen Menschen gegenüber bis hin zum Waschen hinter den Ohren und dem Fernbleiben von offenem Feuer. Aber Macht muss immer verantwortungsbewusst ausgeübt werden. Als Eltern ist es unsere Aufgabe, dafür zu sorgen, dass unsere Kinder sicher und gesund aufwachsen, damit sie im Leben ihre eigenen, klugen Entscheidungen treffen können.

Zum sexuellen Missbrauch – einem Kind »schwerwiegenden Schaden« zufügen – gehört, dass man *in verantwortungsloser Weise Macht ausübt.* Obwohl Sex dazugehört, sind es eher skrupellose Menschen, die um ihrer egoistischen Ziele willen Macht ausüben. Sie ignorieren ihre Verantwortung, ihre Macht zum Besten eines Kindes einzusetzen. Manchmal gehört dazu die Anwendung brutaler Gewalt, aber häufiger werden subtilere Formen der *Überredung* angewendet. Und deshalb können sich einige Eltern, die meisten Kinderschänder und fast alle Opfer fragen, wem die Schuld daran zu geben ist. Trägt das Opfer eine Mitschuld? Hat es seine Zustimmung gegeben? Ist es mitverantwortlich an dem angerichteten Schaden?

Die Antwort auf diese Fragen ist ein unwiderrufliches *Nein*. Aus zwei Gründen.

Der erste Grund ist einfach: Kein Kind unter sechzehn ist vom Gesetz her ermächtigt, seine Zustimmung zum Sex zu geben, also kann der Missbrauch nicht mit seiner Zustimmung geschehen sein. Und warum dürfen Kinder ihre Zustimmung nicht geben? Weil die Gesellschaft sie emotional oder mental noch nicht für reif genug hält, eine solche Entscheidung zu treffen. Die Last der Verantwortung ruht von daher auf den Schultern der Erwachsenen. Das heißt, wenn ein Erwachsener ein Kind missbraucht, ist er *allein* verantwortlich. Rechtlich und moralisch ist dem Kind keinerlei Schuld zu geben.

Nach Monaten der Therapie versuchte Paul – ein Mann, der seine eigene Tochter missbraucht hatte – noch immer, sein Handeln sowohl vor seiner Frau als auch vor seinem Therapeuten zu rechtfertigen. »Cindy rannte herum, nur mit einem Handtuch bekleidet«, erklärte er. »Sie sah mich herausfordernd an, du weißt schon, wie sie das immer macht.« Mit einem Anflug von Verzweiflung fügte er hinzu: »Ich bin nicht allein schuld an dem, was passiert ist.«

»Aber Paul«, widersprach seine Frau, »Cindy war doch erst sieben Jahre alt!«

Der zweite Grund ist komplizierter: Kinder sind in der Regel immer bereit zu gefallen und sehr leicht zu beeindrucken. Das gibt Erwachsenen sehr viel Macht über sie. Auch das ist nicht schlecht, wir nutzen dies, um ihnen zu helfen, richtig von falsch zu unterscheiden, sie fähig zu machen, später im Leben gute Entscheidungen zu treffen. Aber bei einem Missbrauch wird diese Macht missbraucht: Der Eifer eines Kindes zu gefallen wird missbraucht und zum selbstsüchtigen Vorteil eines anderen eingesetzt.

Als der zehnjährige Billy für ein paar Tage zu seiner Tante geschickt wurde, war er sehr aufgeregt. Er liebte seine Tante und hatte sich immer gut mit ihr verstanden. Doch an seinem ersten Abend brachte sie ihn nicht ins Bett, sondern fing vielmehr an, seinen Schlafanzug aufzuknöpfen. Trotz ihrer beruhigenden Worte wusste er einfach, dass die Art, wie sie ihn berührte, nicht richtig war. Verzweifelt wünschte er sich, sie würde aufhören. Gleichzeitig liebte er seine Tante und wollte sie nicht verärgern. Er hatte Angst, dass sie, wenn er nein sagen würde, ihn nicht mehr lieben würde. Schließlich ließ er es zu, dass sie ihn missbrauchte, nur weil er nicht wusste, wie er sie zum Aufhören bringen konnte, ohne ihre Liebe zu verlieren. Seine Sehnsucht nach Billigung und seine Bereitschaft zu gefallen – natürliche Eigenschaften eines Kindes –, wirkten gemeinsam gegen ihn, weil sie von seiner Tante missbraucht wurden, und nur deshalb. Trotz seiner anschließenden Schuldgefühle hatte Billy keine Schuld an dem angerichteten Schaden. Seine Tante trug die Schuld.

Top Tipp:

Missbrauch ist eher ein Missbrauch von *Macht* als ein Missbrauch von Sex. Vermitteln Sie nie einem Kind den Eindruck, es sei schuld daran. Denn so ist es nicht.

Die beste Abwehr

Die beste Abwehr ist, sich das Umfeld und die Aktivitäten der Kinder außerhalb des Hauses genau anzusehen. Ihr Ziel sollte sein, das Risiko eines Missbrauchs durch einen Erwachsenen zu minimieren durch eine Reihe von vernünftigen Vorsichtsmaßnahmen und die Schaffung einer sicheren, beschützenden Umgebung.

Ihr Kind wird größeren Schutz haben, wenn Sie:

- es immer zu organisierten Aktivitäten hinbringen und wieder abholen oder einen vertrauenswürdigen Freund oder Verwandten bitten, diese Aufgabe zu übernehmen
- Ihre Kinder bei einer Aktivität außerhalb des Hauses niemals als Letzte abholen
- versuchen, bei sportlichen oder anderen Aktivitäten anwesend zu sein und zuzusehen
- versuchen, sie dazu anzuhalten, bei Ihnen zu Hause zu spielen und ihre Freunde zu sich einzuladen, vor allem wenn sie einen Platz haben, der für sie reserviert ist (Kinderzimmer, Spielzimmer, Ecke im Esszimmer etc.)
- versuchen, immer zu wissen, wo sie sich aufhalten
- darauf achten, sie telefonisch erreichen zu können, oder ihnen eine Telefonkarte in die Hand drücken oder Kleingeld für die Telefonzelle (oder bei älteren Kindern auch

ein Handy), damit sie Sie immer anrufen können, falls sie in Schwierigkeiten sind oder Ihnen mitteilen müssen, wo sie sich aufhalten

- wachsam bleiben, falls ein Erwachsener ihnen besondere Aufmerksamkeit schenkt
- aufpassen, ob sie ungewöhnliche Geschenke bekommen oder über Geld verfügen
- darauf achten, dass jede Organisation, mit der Ihr Kind in Kontakt kommt, über eine Kinderschutzurkunde verfügt. Das sollte sicherstellen, dass die Angestellten im Kinderschutz angeleitet worden sind, dass sie vor ihrer Einstellung ausführlich befragt wurden und dass ihr Hintergrund sorgfältig überprüft wurde. Auch sollte dadurch sichergestellt sein, dass die Kinder immer von zwei Angestellten überwacht werden, damit keiner die Gelegenheit hat, allein mit Ihrem Kind zu sein.

Sie brauchen Ihr Heim nicht in Fort Knox zu verwandeln oder die MI5 anzuheuern, die Ihren zehnjährigen Sohn mit seinen Freunden begleitet, wann immer sie zum Spielen in den Park gehen, aber Sie müssen vernünftige Vorsichtsmaßnahmen ergreifen.

Top Tipp:

Der beste Weg, zu verhindern, dass jemand Ihrem Kind Schaden zufügt, ist der, eine sichere Umgebung zu schaffen und vernünftige Vorsichtsmaßnahmen zu ergreifen.

Zu Hause und unterwegs

Doch da Sie das Umfeld Ihres Kindes nicht immer kontrollieren können, ist es auch wichtig, mit ihm über Missbrauch zu sprechen und ihm zu helfen, das nötige Selbstbewusstsein zu entwickeln, zu Annäherungen nein zu sagen, sei es nun bei Personen, die es kennt, oder bei jemandem, den es noch nie vorher gesehen hat.

Gefahr durch einen Fremden

Bei Gefahr durch einen Fremden ist es wichtig, einen zweifachen Ansatz zu verfolgen:

- **Schreien, rennen und erzählen.** Bringen Sie Ihrem Kind die einfache Schrei-, Renn- und Erzählregel bei: *Schrei »Nein!«,* so laut du kannst, *renn* irgendwohin, wo du sicher bist und *erzähle* einem Erwachsenen, was passiert ist
- **Sprich niemals mit Fremden.** Bringen Sie Ihrem Kind bei, niemals mit Fremden zu sprechen, zu gehen oder Geschenke von ihnen anzunehmen, egal, was sie sagen.

Gefahr durch jemanden, den es kennt

Wie wir jedoch gesehen haben, geht die größte Gefahr für Ihr Kind nicht von Fremden aus, sondern von Menschen, die es kennt und denen es vertraut. Neben der Regel für den Umgang mit Fremden müssen Sie ihm die folgende dreifache Regel für den Umgang mit Menschen, die es kennt, mitgeben.

- **Erkenne deine Rechte.** Das grundlegende Recht Ihres Kindes, vor Schaden bewahrt zu werden, ist natürlich im Grundgesetz verankert. Aber Rechte werden in der Realität nicht immer gewahrt. Kinderschänder vermitteln den Opfern das Gefühl, die Situation nicht unter Kontrolle und nicht das Recht zu haben, auch nein zu sagen. Darum ist es wichtig, dem Kind beizubringen, dass es sehr wohl das Recht hat, sich sexuell nicht missbrauchen zu lassen. Jeder, der versucht, es auf unangemessene Weise zu berühren, auf eine ihm unangenehme Art, ist im Unrecht. Kinder wissen natürlich instinktiv, was falsch ist, aber die Fähigkeit, sie vom Gegenteil zu überzeugen, gehört zu der Macht, die ein Kinderschänder ausübt, vor allem, wenn es eine Person ist, der sie vertrauen. Umso mehr müssen Sie Ihrem Kind klarmachen, dass es das Recht hat zu bestimmen, was mit seinem eigenen Körper passiert, das Recht, *jederzeit* nein zu sagen. Umso mehr werden Sie in der Lage sein, es zu beschützen, indem Sie ihm helfen zu erkennen, dass es im Recht und der andere im Unrecht ist.

- **Erkenne deine Grenzen.** Natürlich bedeutet das Wissen um die eigenen Rechte nicht immer, dass der Missbrauch aufhört. Als Eltern wollen Sie natürlich Ihrem Kind nicht den Eindruck vermitteln, es dürfe sich den Avancen des Kinderschänders nicht widersetzen. Im Gegenteil, Sie wollen, dass es schreit, ruft, stößt, schiebt, tritt, beißt ... was immer möglich ist, um zu verhindern, dass ihm Schaden zugefügt wird. Aber sexueller Missbrauch ist ein Verbrechen, bei dem es um Macht geht, um eine Mischung aus brutaler Gewalt, Einschüchterung und emotionaler Erpressung – und manchmal wird Ihr Kind einfach *überwältigt*. Es ist wichtig, ihm diese Möglichkeit zu erklären, wenn Sie es über sein Recht, nein zu sagen, aufklären. Denn sonst könnte es das Gefühl bekommen, es *hätte* das Ganze verhindern können, wenn es denn tatsächlich überwältigt worden ist. Und wenn das passiert, wird es sich nicht nur teilweise die Schuld geben, es wird so beschämt sein über das, was es als sein »Versagen« ansieht, dass es zu viel Angst hat, Ihnen davon zu erzählen.

- **Du sollst wissen, dass du geliebt bist.** Obwohl beim Missbrauch auch körperliche Kraft eine Rolle spielt, wird doch in erster Linie emotionaler Druck ausgeübt. Den meisten Erwachsenen fällt es schwer, von einem Menschen, den sie lieben, zurückgewiesen zu werden, seien es nun ein Elternteil, der Partner oder Freunde. Für ein Kind, dessen Selbstwertgefühl sich noch in der Entwicklung befindet, ist die Gefahr einer Zurückweisung oft zu überwältigend. Das gibt dem Kinderschänder Macht. Helfen Sie Ihrem Kind, seinen eigentlichen Wert zu erkennen, zeigen Sie ihm, wie sehr Sie es lieben. Das wird ihm das Selbstvertrauen geben, nein zu sagen, und das Selbstwertgefühl, damit fertig zu werden, falls ein Widerstand nicht möglich ist. Je mehr es weiß, dass Sie es bedingungslos lieben, desto weniger abhängig wird es von der Liebe und Billigung des Kinderschänders sein.

Die goldene Regel ist natürlich, Ihrem Kind klarzumachen, wie wichtig es ist, dass es Ihnen von jedem erzählt, der versucht, sich ihm auf unangemessene Weise zu nähern oder es auf eine Art zu berühren, die ihm unangenehm ist. Achten Sie darauf, dass Ihr Kind den Unterschied zwischen einem »guten« Geheimnis (zum Beispiel, was es zu Weihnachten bekommt) und der Art von »schlechtem« Geheimnis kennt, das die Opfer von Kinderschändern hüten sollen. Vor allem achten Sie darauf, dass die Kommunikationswege zwischen Ihnen und Ihrem Kind offen bleiben, ob es nun vier oder vierzehn ist (oder vierzig).

Außerdem ist es wichtig, zwei Dinge zu beachten. Erstens, egal, wie alt Ihr Kind ist, es ist nie zu spät, ihm diese »Regeln« mit auf den Weg zu geben. Missbrauch hört nicht einfach auf, weil es das Alter erreicht, in dem es bewusst zustimmen kann. Er bekommt nur einen anderen Namen, zum Beispiel Vergewaltigung oder sexuelle Nötigung. Zweitens, es sind nicht nur Erwachsene, die Missbrauch betreiben, manchmal sind es auch Kinder, die anderen Kindern so etwas antun. Ein Drittel aller Verwarnungen und Verurteilungen wegen sexueller Vergehen in England wird gegen Personen ausgesprochen, die jünger sind als einundzwanzig Jahre. Brüder, Schwestern, Cousins und ältere Freunde: Jeder, der irgendeine Art der Macht oder des Einflusses auf Ihr Kind ausübt, könnte es möglicherweise missbrauchen, wenn die Absicht und die Gelegenheit dazu bestehen. Das ist kein »unschuldiges Experimentieren« mehr oder etwas, aus dem sie herauswachsen – ein solches Verhalten muss sehr intensiv behandelt werden. Jugendliche, die Kinder missbrauchen, werden Hilfe brauchen, wenn sie dieses Verhaltensmuster ablegen sollen, und der Missbrauch wird nicht weniger real oder schmerzlich für Ihr Kind sein, nur weil er von jemandem begangen wurde, der noch nicht richtig erwachsen ist.

Top Tipp:

Um Ihr Kind zu schützen, helfen Sie ihm zu erkennen, wie wertvoll es ist, *klären* Sie es über sein Recht auf, nein zu sagen, und *machen* sie ihm *Mut*, Ihnen von jedem zu erzählen, der ihm Unbehagen bereitet.

Hilfe!

Aber wenn Ihr Kind bereits missbraucht und der Schaden bereits angerichtet worden ist? Was dann?

Falls Ihr Kind Ihnen erzählt, es sei missbraucht worden, müssen Sie ihm als Erstes *glauben*. Nur selten erfindet ein Kind eine so ernste Sache wie einen Missbrauch. Wenn es tatsächlich passiert, wird das gravierende und weit reichende Konsequenzen für die beschuldigte Person nach sich ziehen. Aber selbst wenn Ihnen die Behauptung Ihres Kindes unglaublich erscheint, vor allem wenn es eine Person betrifft, die Sie kennen und der Sie vertrauen, vielleicht sogar den Partner oder Geschwister, dann müssen Sie als Mutter oder Vater sich in erster Linie um Ihr Kind sorgen. Das Risiko, das Sie eingehen, wenn Sie ihm glauben, ist viel geringer als das Risiko, das Sie eingehen, wenn Sie ihm *nicht* glauben.

Nachdem Sie gezeigt haben, dass Sie Ihrem Kind Glauben schenken, gibt es drei weitere Dinge für Sie zu tun: *Stoppen, sehen* und *zuhören*.

Stoppen. Falls die Möglichkeit besteht, dass der Missbrauch noch weitergeht (und es Hinweise darauf gibt, dass die Kinder versuchen, den Missbrauch zu verschweigen), ist es unerlässlich für Sie, die angemessenen Schritte zu unternehmen, um der Sache ein Ende zu bereiten. Wenn unmittelbare Lebensgefahr besteht oder in Fällen, wo noch körperliche Beweise in oder an Ihrem Kind zu finden sind, sollten Sie sich als Erstes an die Polizei wenden. In den meisten Fällen jedoch ist es besser, sich mit dem Jugendamt in Verbindung zu setzen. Die Mitarbeiter dort haben Erfahrung mit solchen Fällen, und normalerweise reagieren sie ruhig, überlegt und sorgfältig. In der Regel wird eine intensive Untersuchung durchgeführt, bevor irgendwelche Schritte unternommen werden. Gespräche mit Ihrem Kind, Ihnen, Ihrem Partner, falls Sie einen haben, dem Beschuldigten und den anderen Erwachsenen im Umfeld Ihres Kindes (zum Beispiel Lehrer, Jugendleiter etc.) werden geführt, die Licht in die Sache bringen können.

Sie haben vielleicht kein gutes Gefühl dabei, das Jugendamt einzuschalten. Ist das wirklich nötig? Die Antwort lautet unmissverständlich *ja*. Zum einen hat Ihr Kind Ihnen ja nicht nur zu Ihrer Information von dem Missbrauch erzählt. Es möchte Hilfe. Es möchte, dass das aufhört, und das Jugendamt (zusammen mit der Polizei) hat die Macht und Verantwortung, dafür zu sorgen, dass das geschieht. Zum anderen könnte dabei mehr als nur das Wohlergehen Ihres Kindes auf dem Spiel stehen. Obwohl einige Kinderschänder nur ein Kind missbrauchen oder sexuelle Vergehen nur während einer bestimmten Zeit ihres Lebens begehen, werden die meisten auch anderen Kindern dasselbe antun, wenn sie die Gelegenheit dazu haben. Sie dürfen das nicht ignorieren, wie ungern Sie mit dieser Sache auch an die »Öffentlichkeit« gehen.

Sehen. Nachdem der Missbrauch aufgehört hat und der Kinderschänder entlarvt wurde, ist es an der Zeit, sich den Schaden anzusehen. Kinder, die missbraucht wurden, fühlen sich in der Regel schmutzig, schuldig, wertlos und nicht liebenswert, weil ihrer Person Gewalt angetan wurde. Ihre intimste Form des Zeigens ihrer Zuneigung wurde von einem anderen Menschen aus selbstsüchtigen Gründen missbraucht. Sex ist nur bedeutungsvoll, wenn man sich positiv dafür entscheidet, und Menschen, die eine Vergewaltigung oder einen Missbrauch erlebt haben, kann ein langer und schmerzlicher Weg bevorstehen, bis sie dieses Gefühl der freien Entscheidung wieder erlangen. Es wird Sie viel Mühe kosten, Ihrem Kind zu versichern, dass:

- Sie es lieben, ohne Wenn und Aber
- es als Person unermesslich wertvoll ist
- Sie es nicht verurteilen für das, was passiert ist
- es keinesfalls für das Geschehene verantwortlich ist
- es nicht fürs Leben verunstaltet oder gebrandmarkt ist
- es noch immer ein glückliches und erfülltes Leben führen kann
- das, was es erlebt hat, kein Sex war, sondern Missbrauch
- es trotzdem Liebe finden und sie von ganzem Herzen genießen kann.

Es könnte hilfreich sein, einen Strich unter die Vergangenheit zu ziehen und Ihr Kind aus der Aktivität herauszunehmen, in der es den Missbrauch erlebt hat. Seien Sie nicht überrascht von anscheinend »irrationalen« Ängsten und Erinnerungsblitzen. Von einem Missbrauch kann sich ein Kind nicht so leicht erholen, wie fröhlich und glücklich es oberflächlich auch erscheinen mag. Die meisten Opfer brauchen *Jahre*, um die emotionalen Folgen dieser Erfahrung zu verarbeiten. Die meisten werden Folgeprobleme in wichtigen Phasen ihres Lebens erleben, wie zum Beispiel in der Pubertät oder in der Ehe. Sie werden Ihre bestätigende Botschaft an sie immer und immer wiederholen und ihnen über viele Jahre hinweg zeigen müssen, wie wertvoll sie sind und wie sehr Sie sie lieben. Sie müssen das noch öfter hören als eine Gutenachtgeschichte, also gewöhnen Sie sich daran, es regelmäßig *auszusprechen*, es zu *meinen* und Ihr Kind dazu zu bringen, es zu *glauben*.

Zuhören. Es ist nicht gut für Ihr Kind, alles in sich zu verschließen. Es wird mit jemandem sprechen müssen, der dazu ausgebildet wurde zu verstehen, was es durchgemacht hat und ihm helfen kann, dieses Erlebnis zu verarbeiten. Ihr Jugendamt wird Ihnen sicher einen qualifizierten Therapeuten empfehlen können. (Falls Sie diese Angelegenheit nicht dem Jugendamt gemeldet haben, sollten Sie sich klarmachen, dass Ärzte und Therapeuten gesetzlich zwar nicht verpflichtet sind, Fälle von schwerwiegendem Missbrauch zu melden, dass die meisten sich jedoch ethisch verpflichtet fühlen, dies zu tun.)

Es ist kein Zeichen von Schwäche, Hilfe zu suchen. Es mag Angst machend und vermutlich sehr schmerzlich für Ihr Kind sein, über das zu sprechen, was ihm zugestoßen ist, aber es ist der *einzige* Weg, sich davon zu befreien und einen neuen Anfang zu machen. Ihnen wird eine wichtige Rolle dabei zukommen, denn Ihr Kind wird einen Gesprächspartner und Ratgeber brauchen, zumindest zuerst. Doch wie genau Ihre Rolle aussehen wird, wird teilweise vom Alter Ihres Kindes abhängen. Je älter es ist, desto weniger werden Sie vielleicht über die Einzelheiten des Missbrauchs erfahren.

Seien Sie nicht erstaunt, wenn Ihr Teenager, nachdem er eine Therapie begonnen hat, nur noch wenig mit Ihnen darüber sprechen möchte. Es ist nicht Ihre Aufgabe, die Arbeit eines Therapeuten oder Seelsorgers zu übernehmen, sondern für Ihr Kind da zu sein, wenn es Sie braucht. Sie sind seine intimste »Selbsthilfegruppe«. Ihre Bedeutung und Einzigartigkeit sind nicht auf das zurückzuführen, *was Sie tun*, sondern *wer Sie sind*. Nicht einen Augenblick dürfen Sie denken, ein Therapeut könnte Ihren Platz einnehmen, und versuchen Sie nicht, seinen Platz einzunehmen.

Und schließlich, denken Sie nicht, Sie müssten das allein durchstehen. Missbrauch gehört nicht zu den Dingen, die Eltern einfach so wegstecken können. Falls es Ihnen nicht schwer fällt, sich damit abzufinden, machen Sie sich selbst etwas vor. Also suchen Sie sich jemanden, vielleicht sogar auch einen Experten, mit dem Sie über Ihre Gefühle und die Erfahrung *Ihres Kindes* sprechen können. Wenn es kein Therapeut ist, achten Sie darauf, dass es ein Mensch ist, der Ihnen zuhört und der das, was Sie ihm erzählen, vertraulich behandelt. Ihr Kind wird schon Angst genug davor haben, dass die Leute es erfahren. Es wäre katastrophal, wenn Ihr Freund anderen davon weitererzählt.

Top Tipp:

Wenn Ihr Kind sexuell missbraucht wurde, schalten Sie das Jugendamt ein, denn der Missbrauch muss aufhören, und suchen Sie sich für Ihr Kind, aber auch für sich selbst, einen Menschen, mit dem Sie vertraulich über diese Angelegenheit sprechen können.

10. Mmmmmm …

Über Masturbation sprechen

Aus irgendeinem Grund gehört Masturbation zu den Dingen, über die in der feinen Gesellschaft nur selten gesprochen wird, obwohl sie eines der wichtigsten Themen an den Toilettenwänden ist. Auch bei den »natürlichen Curricula« im Gespräch der Eltern mit ihren Kindern über Sex wird es meistens ausgespart. Um ehrlich zu sein, es steht ganz oben auf der Liste der zehn peinlichsten Themen, über die man mit seinen Kindern sprechen muss.

Das ist wirklich seltsam. Immerhin wird doch durch unzählige Studien belegt, dass Masturbation ungeheuer verbreitet ist. Ungefähr 95 Prozent aller Männer haben an irgendeinem Punkt in ihrem Leben masturbiert, und die anderen fünf Prozent haben vermutlich gelogen, als sie den Fragebogen ausgefüllt haben! Auch tun dies nicht nur Männer – mehr als 60 Prozent der Frauen masturbieren von Zeit zu Zeit. Menschen können schon mit zehn oder elf Jahren anfangen zu masturbieren, manchmal sind sie sogar noch jünger, bevor sie das Alter der Pubertät erreicht und sich sexuell entwickelt haben.

Und es gibt keine obere Altersgrenze. Man kann masturbieren bis zu dem Tag, an dem man stirbt, obwohl es nie offiziell als Todesursache aufgeführt wurde!

Allein stehende, verheiratete, geschiedene, verwitwete, homosexuelle, weiße, schwarze, alte, junge Menschen, Eltern, Kinder: Es gibt vermutlich keine einzige sozio-ökonomische Gruppe auf der Erde, in der Masturbation nicht zu finden ist. Doch gleichzeitig wird vermutlich keine sozio-ökonomische Gruppe auf der Erde bereit sein, öffentlich einzugestehen: »Ja, wir masturbieren.« Das heißt, die meisten von uns tun es oder haben es getan, aber nur wenige von uns sind bereit, darüber zu reden. Die Ironie ist natürlich, dass zwar keiner von uns darüber *sprechen* möchte, dass Männer jedoch nur zu gern *Witze* darüber *reißen*, solange sie nicht eingestehen müssen, dass sie aus persönlicher Erfahrung sprechen!

Deshalb können Erwachsene, ganz zu schweigen von den Kindern, zu der Annahme kommen, es sei eine Art schreckliche und böse Perversion, und sie seien die Einzigen auf der ganzen weiten Welt, die das tun oder getan haben. Sie fühlen sich schuldig, weil sie sicher sind, dass alle anderen Menschen auf diesem Planeten vor Abscheu zusammenzucken würden, wenn sie die »schreckliche« Wahrheit kennen würden. Und wenn das schon auf Erwachsene zutrifft, dann gilt das vor allem für Kinder, die auch den kleinsten Unterschied in Bezug auf Körper und Verhalten zwischen sich und ihren Freunden sehr genau wahrnehmen.

Top Tipp:

Obwohl in Studien belegt wird, dass
75 Prozent der Menschen masturbieren,
wird Ihr Kind vermutlich denken,
es sei die einzige Person, die je ernsthaft
darüber nachgedacht hat.

Ist es an der Zeit, die Blindenschrift zu lernen?

Masturbation ist Sex mit sich selbst: Der eigene Penis oder die eigene Klitoris wird in der Regel bis zum Höhepunkt stimuliert. Woody Allen nannte dies einmal »Sex mit jemandem, den man liebt«. Aber es gibt eine Reihe von Märchen darüber, und früher oder später wird Ihrem Kind eines davon zu Ohren kommen.

Der häufigste Masturbationsmythos ist, dass Masturbation einen Menschen blind macht. Der abwegigste ist, dass danach Haare aus den Handflächen wachsen. (Also, wenn Sie einen blinden Werwolf durch die Straßen wandern sehen ...) Einige Leute haben Angst, Masturbation würde Pickel verursachen, einen Menschen steril oder verrückt machen. Andere betrachten es als eine ansteckende Krankheit. Die Menschen im viktorianischen Zeitalter glaubten sogar, Männer könnten als Folge von, was sie diskret »einsame Verbrechen« nannten, sterben. Doch die Wahrheit ist, es gibt absolut keinen Hinweis darauf, dass Masturbation körperliche Schäden verursacht. Dies gehört einfach nur zu den vielen Missverständnissen, die Ihr Kind aufgeschnappt haben könnte.

Doch einige dieser Missverständnisse können Kindern viele Probleme bereiten, vor allem, nachdem sie in die wundervolle Welt des Heranwachsenden eingetreten sind. Darum lohnt es sich, sich die Zeit zu nehmen, um einige der Ängste Ihres Kindes zu zerstreuen und seine falschen Vorstellungen richtig zu stellen. Durch ein offenes und ehrliches Gespräch können Sie einige beunruhigende Mythen widerlegen, bevor sie bei Ihrem Kind Wurzeln schlagen. Nur leider bedeutet das, dass Sie die Initiative ergreifen müssen. Warten Sie nicht darauf, dass dieses Thema ganz natürlich in der Unterhaltung aufkommt. Das wird es nicht! Sie werden es »aus heiterem Himmel« anschneiden müssen.

Hierbei ist es ganz wichtig, dass Sie es nicht übertreiben. Dies sind Dinge, über die Sie vielleicht nur einmal sprechen möchten, weil es für Ihr Kind peinlicher ist als für Sie. Versuchen Sie, unpersönlich zu bleiben: Sprechen Sie so sachlich und objektiv darüber wie möglich. Ihr Kind muss nicht unbedingt wissen, ob Sie das auch schon einmal gemacht haben – es will es auch gar nicht wissen! Und auf keinen Fall dürfen Sie Ihr Kind so in die Enge treiben, dass es zugeben oder leugnen muss, zu masturbieren. Ihr Ziel ist es nicht, es im Bereich der Masturbation auszubilden. Es soll einfach alle Ängste, die es vielleicht hat, zerstreuen und die Möglichkeit haben, ein paar falsche Vorstellungen zu korrigieren.

Falls Ihnen das zu viel erscheint oder zu viel wird für Ihr Kind, können Sie stattdessen einen mehr indirekten Ansatz wählen. Ihr Buchhändler am Ort hat sicher ein paar gute Bücher über Sex für Kinder oder Teenager in seinem Bestand. In einem davon wird sicher auch das Thema Masturbation angesprochen. Vor ein paar Jahren habe ich sogar selbst ein Buch zu diesem Thema geschrieben mit dem Titel *Sex Matters* und ein ganzes Kapitel der Masturbation gewidmet. Sagen Sie Ihrem Kind, Sie wüssten zwar, dass die Masturbation ein recht peinliches Thema sei, doch es müsse unbedingt darüber Bescheid wissen. Deshalb hätten Sie ihm ein Buch gekauft.

Immerhin ist das Ziel *Erziehung* und nicht Demütigung. Sie wollen Ihrem Kind ja nicht wie die spanische Inquisition kommen. Sie möchten nur einige der Ängste Ihres Kindes zerstreuen und ihm versichern, dass es nicht anormal ist, nur weil es masturbiert, oder eben nicht.

Top Tipp:

So peinlich das auch sein mag, Sie müssen das Thema Masturbation von sich aus ansprechen … entweder direkt oder indem Sie Ihrem Kind ein Buch in die Hand drücken.

So viele Mythen

Versuchen Sie unter allen Umständen zu vermeiden, ein beruhigendes kleines Gespräch in ein Ein-Stunden-Seminar zu verwandeln. Wenn es nicht zu peinlich für alle Beteiligten ist, könnten Sie dazu beitragen, dass ein paar der Mythen richtig gestellt werden. Abgesehen von der Erblindung und der langsamen Verwandlung in ein haariges Ungeheuer, werden Ihrem Kind vermutlich die folgenden fünf häufigsten falschen Vorstellungen in Bezug auf Masturbation begegnen:

* **»Feuchte Träume«:** Masturbation ist etwas anderes als ein »feuchter Traum« (oder »nächtlicher Erguss«, wie es korrekt genannt wird), da die Masturbation eine Tätigkeit der Hände erfordert. Auch ist die Voraussetzung dafür, dass Sie wach sind! »Feuchte Träume« passieren während des Schlafes und unterliegen nicht der Kontrolle des Menschen. Trotz der Bezeichnung muss man nicht unbedingt von Sex (oder etwas anderem) träumen, um einen »feuchten Traum« zu bekommen. Bei Männern sind sie die Folge einer unfreiwilligen Erektion, bei der Sperma aus dem Penis sickert. Beim weiblichen Äquivalent, dem »nächtlichen Orgasmus«, sickert Feuchtigkeit

aus der Vagina. Für die Masturbation dagegen sind konzentriertes Handeln erforderlich, dazu Privatsphäre, keine lästigen Geräusche und fünf Minuten Freizeit!

* **Blutdruck:** Als Teil des Erregungsprozesses sowohl bei Männern als auch bei Frauen fließt Blut in den Genitalbereich. Falls sich dieser Zustand der Erregung einige Zeit fortsetzt, kann diese Ansammlung von Blut ein gewisses Maß an Unbehagen im Genitalbereich zur Folge haben. Ein Orgasmus ist ein Weg, diesem Unbehagen Erleichterung zu verschaffen, aber er ist keinesfalls der einzige Weg. Wenn man den Körper sich selbst überlässt und ihn nicht mehr weiter sexuell stimuliert, wird er wieder zu dem normalen Zustand vor der Erregung zurückkehren. Das nicht ejakulierte Sperma braucht zum Beispiel nicht »herauszukommen«, obwohl gerade das in einem »feuchten Traum« geschieht. Es wird vom Körper einfach wieder absorbiert. Das heißt, es gibt keinen biologischen Grund, warum jemand masturbieren oder Sex haben muss. In den Annalen der aufgezeichneten Medizingeschichte ist niemand jemals an den Folgen einer Nicht-Masturbation gestorben!
* **Wachstumsfaktor:** Vor allem Jungen fragen sich, ob Masturbation zum Wachstum ihrer Sexualorgane beitragen oder ihre Entwicklung beschleunigen kann. Die einfache Antwort lautet nein. Obwohl während des Zustands der Erregung wie der Masturbation Sexualhormone freigesetzt werden, haben diese keinen Einfluss auf die körperliche Entwicklung. Brüste und Hoden, Penis und Becken werden sich auf ihre Weise entwickeln, egal, wie oft jemand masturbiert.
* **Verbrauchter Treibstoff:** Bis zum vergangenen Jahrhundert gingen die Ärzte davon aus, der Mensch verfüge

nur über einen begrenzten Vorrat an Sexualflüssigkeiten (wie Sperma). Deshalb wurde uns geraten, sie nicht zu vergeuden. Heute ist diese Theorie so tot wie die Ärzte, die sie vertreten haben. Die Wahrheit ist, dass Sperma, Samen, Eier und Vaginalflüssigkeit von der Pubertät an unablässig im Körper produziert werden. Und abgesehen von den Eiern, die nach der Menopause nicht mehr produziert werden, geht die Produktion ein Leben lang weiter. Das heißt, man kann seine Sexualität nicht »aufbrauchen«, indem man »zu viel« Sex hat oder masturbiert.

* **Künftige Probleme:** Einige Jungen fragen sich, ob zu viel Masturbation später zu sexuellen »Leistungsproblemen« führen wird, ob sie den Orgasmus zu früh erreichen (die gefürchtete vorzeitige Ejakulation) oder vielleicht zu lange brauchen werden. Bei der Masturbation ist alles in ein paar Minuten vorbei. Es gibt keinen Hinweis darauf, wie lange Sex mit einem Partner dauern wird. Eine Reihe von Faktoren bestimmt, wie lange ein Mann brauchen wird, bis er ejakuliert, dazu gehören Hormone, Monatszyklus, Feuchtigkeit, das Maß an Vorspiel vor der Penetration und der Grad der Erregung beider Partner. Auch bei der Frau führt Masturbation nicht automatisch zu Schwierigkeiten, einen Orgasmus zu bekommen, der meistens davon abhängt, in welcher Weise und wie stark ihre Klitoris während der sexuellen Begegnung stimuliert wird, egal, ob sie in der Vergangenheit masturbiert hat oder nicht.

Top Tipp:

Als Eltern sind Sie vielleicht in der Lage, einige der Mythen in Bezug auf Masturbation zu zerstreuen, mit denen Ihr Kind konfrontiert worden ist.

»Vergib mir, Vater, denn ich bin dabei zu sündigen ...«

Natürlich ist eine Sache nicht unbedingt richtig, nur weil sich keine medizinischen Probleme daraus ergeben. Um es anders auszudrücken, nur weil ein Kind keine neue Brille braucht oder anfängt, in der Öffentlichkeit Handschuhe zu tragen, bedeutet das nicht, dass es sich mit einer Riesenvorratspackung Kleenextüchern in sein Zimmer einschließen und einen neuen Weltrekord anstreben sollte! Masturbation ist kein *medizinisches* Problem, aber es gibt drei wichtige *moralische* und *emotionale* Probleme zu bedenken.

1. **Schuldgefühle.** Ob es Ihnen nun gefällt oder nicht, Masturbation ist eine Aktivität, die Schuldgefühle hervorruft, und die Gesellschaft verstärkt diese Schuldgefühle durch die Botschaften, die sie den Kindern übermittelt in Bezug auf das, was richtig, und (häufiger) das, was falsch ist. Lange Zeit hat die Gesellschaft Masturbation als eine »Todsünde« verurteilt. Heute neigen wir dazu, wenn möglich gar nicht darüber zu sprechen. Aber diese »Verschwörung des Stillschweigens« neben Schimpfworten wie »Wichser«, mit denen wir Menschen beleidigen wollen, verstärken die Schuldgefühle der meisten jungen Menschen in Bezug auf Masturbation.

2. **Besessenheit.** Einige Teenager, vor allem Jungen, vermuten, dass ihr Verhalten an Besessenheit grenzt. Sie haben Angst, dass ihre tägliche Gewohnheit zu einer gefährlichen Abhängigkeit führt. Aber obwohl Masturbation sicherlich zur Angewohnheit werden kann, wie jeder Trieb, der leicht zu befriedigen ist, so führt es nur selten zur wirklichen Abhängigkeit. Abhängigkeiten versklaven oder kontrollieren einen Menschen und sind häufig von körperlichen oder emotionalen Entzugserscheinungen begleitet. Natürlich ist das Wissen, dass diese »lästige Angewohnheit« technisch gesehen keine Abhängigkeit ist, kein großer Trost, immerhin kann man diese Angewohnheit nicht so ohne weiteres ablegen. Bei dem Versuch reicht es nicht aus, es traditionsgemäß mit einer kalten Dusche zu probieren. Das Einzige, was hilft, ist *Ablenkung*: Man sucht sich etwas anderes, mit dem man Geist und Körper beschäftigt. Sexuelle Energie ist übertragbar: Wenn sie nicht für die Masturbation aufgebracht wird, kann sie für etwas anderes eingesetzt werden, zum Beispiel für einen Marathonlauf oder das Kochen von Marmelade!
3. **Unzufriedenheit.** Beim Sex geht es um Kommunikation. Idealerweise will man sich eins machen mit einem Menschen, den man liebt und dem man vertraut. Es geht um den Menschen, mit dem man Sex hat, nicht um den Sex selbst. Masturbation dagegen ist Sex mit sich selbst – ohne Beziehung, ohne Kommunikation und ohne Intimität. Letztlich ist es nicht das »Eigentliche«. Es ist ein Doppelspiel mit nur einem Mitspieler. Darum verschwinden die starken Triebe, die zu einem Höhepunkt führen, hinterher häufig sehr schnell. Statt des Gefühls der angenehmen Zufriedenheit wird einem hinterher

verstärkt klar, dass man allein ist. Schuldgefühle und Hochgefühl werden zu Einsamkeit und Langeweile. Wenn dieses Gefühl der Unzufriedenheit Ihr Kind dazu bringt, in richtigem Sex nach größerer Faszination und größerer Zufriedenheit zu suchen, kann es gefährlich werden. Nicht dass Sex an sich falsch wäre. Nur das Gelangweiltsein von Masturbation ist kein guter Grund, richtigen Sex zu haben.

Top Tipp:

Nur weil Masturbation einen Menschen nicht tötet, ist sie noch lange nicht richtig. Ihr Kind muss sich in dem moralischen und emotionalen Dschungel zurechtfinden.

Lass die Finger das besorgen …

Einen letzten Aspekt der Masturbation gilt es zu berücksichtigen: die mentale Seite. Zur Masturbation ist normalerweise sexuelle Fantasie nötig. Nur selten bringen körperliche Gefühle allein einen Menschen zum Höhepunkt, dem eigentlichen Ziel der Masturbation. Und noch seltener wird ein Mensch vom Fahrplan der Bundesbahn oder den *Gelben Seiten* erotisch stimuliert. Während sich die meisten Menschen, die masturbieren, auf ihre geistigen Bilder aus der Erinnerung oder ihrer Vorstellungswelt verlassen, brauchen einige, vor allem Männer, eine visuelle oder verbale Stimulation. Häufig bedeutet dies Pornografie.

Obgleich einige Leute argumentieren, Pornografie sei doch nur »ein wenig Spaß«, setzt Pornografie sowohl Männer wie auch Frauen herab. Natürlich sind nicht alle Nacktfotos oder Sexszenen in Filmen oder Büchern pornografischer Art. Wie wir vorher schon gesehen haben, stellen viele Kunstwerke den nackten Körper dar, und viele Werke der klassischen Literatur sind in Bezug auf Sex alles andere als zurückhaltend. Sogar in der Bibel gibt es viele Stellen, die einen Menschen zum Erröten bringen können! Der fundamentale Unterschied zwischen Nacktheit und/oder sexueller Offenheit und Pornografie ist der, dass es bei der Pornografie in der Regel nur um Sex geht. Die Menschen, die Sex miteinander haben, sind nebensächlich, genau wie die Rahmengeschichte. In Kunst und Literatur spielt Sex eine Rolle; bei der Pornografie gibt es nichts anderes. Pornografische Geschichten, Filme und Fotos interessieren sich nicht für Charakter, Kontext, Mitgefühl oder Gespräch. Sie wollen keinen Pulitzerpreis gewinnen. Der einzige Zweck ist, Sie anzutörnen.

Pornografie setzt Menschen herab, macht sie zu reinen Sexualobjekten. Wenn ein Mann mit hängender Zunge ein vollkommen unbekleidetes Model anstarrt, dann können Sie sicher sein, dass er keinesfalls ihre Persönlichkeit so anziehend findet! Pornografie stimuliert die sexuellen Triebe der Menschen, entweder durch das geschriebene Wort oder durch Fotos. Frauen lassen sich mehr durch Atmosphäre und Fantasie erregen, was viel leichter durch einen Text zu erreichen ist als durch Fotos. Männer dagegen reagieren eher auf visuelle Stimulation – je freizügiger, desto besser.

Die Gefahr dabei ist, dass wir in der Versuchung stehen, andere Menschen als Sexualobjekte zu betrachten, die nur dazu da sind, uns zu einem Orgasmus zu verhelfen, und nicht mehr als Menschen. Pornografie setzt Sex zu einer Handelsware herab und bringt uns dazu, uns selbst als sexuelle *Konsumenten* zu sehen und nicht mehr als *Beteiligte*. Nicht die Wünsche und Bedürfnisse des anderen sind uns wichtig, sondern die Erfüllung unserer eigenen Wünsche.

Natürlich kann die Fantasie auch sehr gesund sein. Wir alle fantasieren und unser Sexualleben ist von diesem Prozess nicht ausgenommen. Ob nun Hedwig Courts-Mahler oder Goethe und Schiller – die ganze Welt der Literatur verlässt sich auf unsere Fähigkeit, uns selbst in einen anderen Menschen hineinzuversetzen und ein paar Stunden lang ein anderes Leben zu führen. Probleme entstehen, wenn unsere Fantasien verhindern, dass wir die Realität dessen, was wir haben und wer wir sind, nicht mehr genießen können. Selbst während wir Sex haben mit einem Partner, den wir lieben und attraktiv finden, kann es sein, dass wir trotzdem etwas anderem oder einem anderen, hinterhertrauern.

Das heißt, die körperlichen Gefühle mögen zwar ähnlich sein, doch Masturbation und guter Sex unterscheiden sich eigentlich grundlegend voneinander. Masturbation ist ein Soloprojekt zur eigenen persönlichen Befriedigung; Sex dagegen ist ein gemeinsames Unternehmen mit dem Ziel, dem Partner Vergnügen zu bereiten. Masturbation ist auf sich selbst ausgerichtet; Sex auf den Partner. Masturbation mag rein kardiologisch gesehen gut für das Herz sein, doch in Bezug auf die gute, altmodische Liebe ist diese Art der Befriedigung sehr schlecht.

11. Jung, frei und ledig

Und wenn Ihr Kind keinen Freund/keine Freundin hat?

Und wenn Ihr Kind nun keinen Freund oder keine Freundin hat? Ist das ein Grund zur Besorgnis? Ist es vielleicht ein Exot? Die einfache Antwort auf diese Frage lautet nein.

Frauen- und Männerzeitschriften sind gerammelt voll von Artikeln darüber, wie man einen Partner finden kann, wie man sich selbst unwiderstehlich macht, wie man mit dem Partner umgehen soll, wenn man ihn denn endlich gefunden hat, wie man ihn im Bett zufrieden stellen kann und was der Partner sich sexuell besonders wünscht. Angedeutet wird hier, soweit Ihr Kind sehen kann, dass es lebenswichtig ist, einen Partner zu bekommen (und zu behalten). Keinen Freund oder keine Freundin zu haben ist mehr als nur schädlich für das Image: Einem Teenager kann dies wie eine unverzeihliche Sünde erscheinen.

Wenn Ihr Kind bisher noch keinen Freund oder keine Freundin gefunden hat, dann kann sein Selbstbewusstsein einen Knacks bekommen. Immerhin haben »richtige Männer« keine Probleme damit, eine Frau auf sich aufmerksam zu machen, und »attraktive Frauen« bekommen immer einen Mann. Das ist zumindest, was die Werbung und die Teenagersendungen unseren Kindern vorgaukeln. Für Ihr Kind kann die Tatsache, dass es einen Freund oder eine Freundin hat, der »Beweis« sein, dass es attraktiv oder erfolgreich ist. Es ist eine Art Statussymbol, und wenn man keinen Partner hat, dann ist man ein Exot. Man muss schwach, hässlich oder beides sein.

Angesichts eines solchen Drucks könnte Ihr Kind in Versuchung geraten, sich mit dem ersten Besten des richtigen Geschlechts »abzugeben«, der nicht gerade wie der *Glöckner von Notre Dame* aussieht. Immerhin möchte es ja kein Versager sein, und einen Freund oder eine Freundin zu haben, irgendeinen Freund oder irgendeine Freundin, scheint ein sofortiger Passierschein zum Erfolg zu sein.

Aber stimmt es wirklich, dass wir eine Beziehung zu einem anderen Menschen brauchen, um vollwertig zu sein? Natürlich nicht! Sie wissen das zwar, vielleicht aus eigener Erfahrung, aber vielleicht braucht Ihr Kind ein wenig Überzeugung. Darum ist es wichtig, dass Sie sich die Zeit nehmen, sich einige seltsame Mythen in Bezug auf Sex, Knutschen und Singledasein anzusehen, und zwar lange bevor Ihr Kind den Verdacht hat, Sie wollten ihm nur die Vorzüge eines Lebens als Single nahe bringen als eine Art Trostpreis, weil es keinen Freund oder keine Freundin abbekommen kann.

Top Tipp:

Sie wissen, dass ein Freund oder eine Freundin zu haben nicht das Ein und Alles im Leben ist, aber Ihr Kind braucht vielleicht ein wenig Überzeugungsarbeit.

»Wer wird dich lieben, wenn du alt, fett und hässlich geworden bist?«

Mythos Nr. 1: »Einen Partner zu haben zeigt, dass ich attraktiv bin.«

Schätzungen zufolge sind 80 Prozent der Teenager mit ihrem Aussehen nicht zufrieden. Die Nase ist zu lang, die Zähne schief, die Ohren stehen ab, das Haar hat die falsche Farbe, sie sind zu dick, der Hintern hat die falsche Form, der Penis ist zu groß oder zu klein, der Bauch ist zu dick, die Beine zu dick oder zu kurz oder zu knochig, oder der Bart wächst nicht richtig oder hört nicht auf zu wachsen, oder … na ja, ich denke, Sie verstehen, was gemeint ist.

Aber mit wem vergleichen sie sich denn? Die Wahrheit ist, dass nur wenige von uns die Figur eines Supermodels haben. Es gibt auch keinen Grund, warum das so sein sollte. Wie Anita Roddick einmal sagte, gibt es nur acht Supermodels auf der Welt und fast drei Milliarden andere Frauen. Aber Zeitschriften und Fernsehen sind voll von wunderschönen Frauen mit perfektem Körper und muskulösen, gebräunten, gut aussehenden Männern, sodass wir dazu neigen, das für die Norm zu halten und zu denken, wir müssten auch so sein. Teenager und sogar Kinder sind gegen diese Bilder oder die damit verbundenen Gefühle nicht immun. »Wenn ich nur einen Freund oder eine Freundin hätte«, reden sie sich ein, »dann wüsste ich, dass ich attraktiv bin. Und wenn ich attraktiv wäre, dann wäre ich glücklich.« Aber es ist wichtig, sich drei Dinge klarzumachen:

1. Supermodels sehen in Wirklichkeit nicht so aus wie auf den Fotos. Ohne ein zweistündiges Schminken, ausgezeichnete Beleuchtung, teure Kleider, den besten

Haarstylisten, exotische Orte, persönliche Trainer und professionelle Fotografen, ganz zu schweigen von den 267 Aufnahmen, die man braucht, um ein druckreifes Foto zu bekommen (das übrigens hinterher häufig noch bearbeitet wird, um jegliche »Fehler« zu entfernen), sehen sogar Supermodels irgendwie ... na ja ... *gewöhnlich* aus. Leute, die in der Modebranche arbeiten, wissen, dass sie ein Traumbild verkaufen, aber meistens glauben wir, es sei die Realität.

2. Menschen, die wir für unglaublich gut aussehend halten, sind nur selten zufrieden mit ihrem Aussehen. Wir finden Film- und Popstars vielleicht attraktiv, aber sie selbst teilen diese Meinung nicht unbedingt. Einige von ihnen geben sogar ein Vermögen für den Versuch aus, ihr Aussehen durch eine Diät, durch Kleider und sogar durch eine Operation zu verbessern. Wir fragen uns allmählich, wie viel von ihnen mittlerweile aus Silikon besteht.

3. Attraktiv zu sein ist keine Garantie für ein glückliches Leben. Selbst das Aussehen eines Supermodels ist keine Garantie dafür, dass sie glücklicher sind und mehr Erfolg in ihren Beziehungen haben als wir anderen. Diana, die Prinzessin von Wales, galt als eine schöne Frau, aber ihre Ehe ist trotzdem gescheitert, und einige Autoren verdienen mit ihrer traurigen Lebensgeschichte noch immer viel Geld. Das Leben einiger Filmstars ist genauso tragisch: In den fünfziger Jahren galt Elizabeth Taylor als eine der schönsten Frauen der Welt, doch sie war öfter verheiratet, als wir zählen können. Und Marilyn Monroe, eine der attraktivsten Frauen, die je gelebt haben, hatte eine große Zahl von Freunden, zu denen auch der amerikanische Präsident John F. Kennedy gehörte. Trotzdem starb sie allein, verängstigt, von ihrem dritten Mann geschieden an einer

Überdosis Schlaftabletten. Mit sechsunddreißig Jahren konnte sie ihr Leben nicht mehr ertragen.

Die Vorstellung, wenn wir einen Partner haben, wären wir »attraktiv«, und dass »Attraktivität« gleichbedeutend sei mit Glück, ist also falsch. Die Wahrheit ist, bei der »Attraktivität« geht es nicht nur um unser Aussehen. Es geht um das ganze Paket dessen, *wer wir sind* – um unsere Gedanken, Interessen, Einstellungen … also um alles, was unsere Persönlichkeit ausmacht! Außerdem ist Aussehen eine Frage der persönlichen Betrachtung und keine objektive Tatsache. Schönheit, so heißt es, liegt im Auge des Betrachters.

Top Tipp:

Einen Freund oder eine Freundin zu haben beweist nicht, dass Ihr Kind »attraktiv« ist, und Attraktivität ist keine Garantie für sein Glück.

»Der Mensch, der alles hat«

Mythos Nr. 2: »Wenn ich einen Partner habe, zeigt das, dass ich erfolgreich bin.«

Wir alle können einen Erfolgsmenschen erkennen. Der protzige Wagen, eine Rolex-Uhr und Designer-Klamotten sind Statussymbole, die von ihrem Erfolg sprechen. Aber manchmal weitet ein solcher Mensch diese Vorstellung auf Beziehungen aus und wählt sich einen Partner, der ihn gut aussehen lässt, wie die Powerfrau, die mit ihrem Spielzeugjungen vor ihren Freundinnen oder Kolleginnen angibt, oder der Firmenchef mittleren Alters mit der teuer gekleideten Blondine am Arm, die nur halb so alt ist wie er. »Seht mich an«, scheinen sie zu sagen. »Ich habe alles – einen Porsche, ein Penthouse *und* einen gut aussehenden Partner.«

Obwohl sie sich nicht notwendigerweise dieselben Statussymbole wünschen, kann sich Ihr Kind leicht in einem solchen Denken verfangen: »Wenn ich nur jemanden hätte, mit dem ich ausgehen könnte, dann wäre ich ein Erfolg. Ich wäre etwas wert.« Wenn man natürlich darüber nachdenkt, dann ist das eine ziemlich dumme Vorstellung. »Erfolg« liegt nicht in irgendeinem dieser Dinge und bestimmt sind sie keine Garantie für Glück.

Alfred Nobel, der reiche Erfinder von Dynamit, Sprengkapseln und rauchlosem Schießpulver und Gelatinedynamit aus dem neunzehnten Jahrhundert war nach den Maßstäben der Menschen ein sehr erfolgreicher Mann, doch nicht nach seinen eigenen. Da er seinen Sprengstoff zur Anwendung beim Minenabbau und beim Straßenbau erfunden hatte, war er überhaupt nicht einverstanden mit seinem Einsatz zu militärischen Zwecken. Doch den Schock seines Lebens bekam er eines Morgens im Jahre 1888, als er seine eigene Todesanzeige in der Zeitung las. Ein nachlässiger Journalist hatte ihn versehentlich mit seinem kürzlich verstorbenen Bruder verwechselt, und darum hatte Nobel die seltene Gelegenheit zu erfahren, wie der Rest der Welt ihn sah: als einen Multimillionär, einen Kaufmann des Todes, der im Waffenhandel ein riesiges Vermögen angehäuft hatte. Die Früchte seines »Erfolgs« so zusammengefasst zu sehen war für Nobel der Anstoß, dafür zu sorgen, dass er nach seinem Tode in besserer

Erinnerung blieb. Er änderte sein Testament dahingehend, dass der Großteil seines Vermögens nach seinem Tod in einen Fonds eingebracht werden sollte und dass daraus Preise in Physik, Chemie, Medizin, Literatur und natürlich für Friedensbemühungen verliehen werden sollten, die seinen Namen trugen.

»Erfolg«, wie Schönheit, ist eine Frage der Auffassung des Betrachters. Für viele Menschen waren Nobels Reichtum und Errungenschaften Symbole seines Erfolgs, für ihn dagegen waren sie nichts weiter als hohle Erinnerungen daran, wie leer sein Leben eigentlich war. So ist auch eine Partnerschaft kein guter Indikator für einen »Erfolg«. Einige der »erfolgreichsten« Menschen der Welt sind sehr unglücklich. Elvis Presley war so reich, dass es sein Fassungsvermögen überstieg. Er war weltbekannt und mit einer wunderschönen Frau verheiratet. Aber auch er starb an einer Überdosis Drogen, allein und verzweifelt im Alter von nur zweiundvierzig Jahren.

Top Tipp:

Einen Partner zu haben ist kein Zeichen von »Erfolg« und keine Garantie für Glück.

»I Can't Get No Satisfaction«

Mythos Nr. 3: »Eine Partnerschaft wird mir Erfüllung schenken.«

Eine stabile, liebevolle Partnerschaft zu erleben ist zweifellos eine sehr erfüllende Erfahrung, aber das bedeutet nicht, dass man nur durch die Beziehung zu einem anderen Menschen Erfüllung im Leben finden kann. Auch bedeutet das nicht, dass nur das Ausgehen mit einem anderen Menschen, oder sogar eine stabile, liebevolle Beziehung, automatisch ausreicht, um einem selbst Erfüllung zu schenken. Die meisten von uns finden Erfüllung in einer Kombination von unterschiedlichen Dingen: unserem Job, unseren Hobbys, unseren Leistungen, Interessen, Freunden, unserer Familie und dem Glauben.

Mutter Teresa setzte ihr Leben ein, um armen Menschen in den Slums von Kalkutta zu helfen. Nach den Maßstäben der Menschen war sie eine überaus erfolgreiche, erfüllte Frau. Es wäre keine Übertreibung, sie sogar eine Heilige zu nennen. Und doch hatte sie nie einen Partner (das verstößt bei Nonnen gegen die Regeln!). Stattdessen fand sie Erfüllung als eine Folge ihrer Entscheidung, eben keinen Partner zu haben. Sie hätte nicht die Hälfte der Dinge erreicht, die sie in ihrem Leben getan hat, wenn sie immer um fünf Uhr hätte zu Hause sein müssen, um Mr. Mutter Teresa den Tee zu servieren. Die Vorstellung, dass man, wenn man keine Beziehung zu einem Partner hat oder mit niemandem ausgeht, ein unerfülltes oder unglückliches Leben führen wird, entspricht einfach nicht den Tatsachen.

Tatsache ist, dass es viele tausend Menschen gibt, die »jung, frei und ledig« sehr glücklich sind. Oder sogar alt, frei und ledig, wenn man so will. Und es gibt Tausende andere, die tief bereuen, ihre Hoffnung auf Erfüllung allein auf eine Beziehung gesetzt zu haben. Trevor Chambers, ein zwei Meter großer Australier mit einem langen, dunklen Bart, der selbst Chewbacca, das riesenhafte Wesen aus den »Star Wars«-Filmen, vor Neid erblassen lassen würde, erschreckte Kauflustige in einem Einkaufszentrum von Melbourne, indem er mit Brautschleier bekleidet und in der Hand einen Strauß rosa Plastikblumen haltend herumlief mit einem Schild, auf dem stand: »Sex ist kein Heilmittel für Leere.« Erstaunlicher als der Anblick eines wandelnden Teppichs in einem Hochzeitskleid war die Reaktion, die er auslöste: Männer wie Frauen kamen auf ihn zu und sagten: »Sie haben ja so Recht. Ich dachte, mein Partner würde mir alles geben, was ich brauche, aber so ist es nicht.«

Es ist wichtig, sich klarzumachen, dass das eigentliche Problem dieser Leute nicht ihr Partner war, sondern ihre unrealistischen Vorstellungen und Erwartungen. Die Ehe sollte alle Probleme lösen und ihre Einsamkeit beenden. Aber in der Realität sind Phasen der Einsamkeit und Gefühle der Isolation ein natürlicher Teil des Lebens. Sie können in den besten Ehen empfunden werden und natürlich sind sie auch allein stehenden Menschen nicht fremd. Tatsächlich ist es möglich, eine ideale Ehe zu führen und trotzdem unerfüllt zu sein, weil Erfüllung nie nur in nur einer Sache zu finden ist. Das Leben ist weit vielschichtiger und wahre Erfüllung ist nur in einer Mischung unterschiedlicher Dinge zu finden. Wenn Ihr Kind den Eindruck hat, ein Freund oder eine Freundin würde ihm über Nacht Erfüllung schenken (ob sie nun Sex haben oder nicht), dann wartet eine große Enttäuschung auf sie.

Top Tipp:

Einen Freund oder eine Freundin zu haben wird Ihrem Kind keine Erfüllung schenken. Wahre Erfüllung ist nur in einer Kombination verschiedener Faktoren zu finden.

Fitter Körper, fetter Verstand

Wenn Ihr Kind also keine Beziehung hat, oder besser noch, bevor es alt genug ist, eine ernsthafte Beziehung überhaupt in Betracht zu ziehen, sollten Sie versuchen, ihm die Angst vor dem Singledasein zu nehmen und eine lockere Einstellung zum Thema Freundschaft und Beziehung zu finden. Sie möchten doch nicht, dass das Leben Ihres Kindes von diesem Thema bestimmt und kontrolliert wird.

Sie tun besser daran, ihre Zeit dafür einzusetzen, neue Fertigkeiten zu erlernen und ihre Interessensgebiete auszuweiten. Der verzweifelte Wunsch nach einem Freund oder einer Freundin macht sie für andere nicht attraktiv. Für andere attraktiv werden sie, indem sie zu einem interessanten und erfüllten Menschen werden. Immerhin sitzt ihr mächtigstes Sexualorgan zwischen ihren *Ohren*, nicht zwischen ihren *Beinen*. Die Freundin in der Schule, die keine Probleme damit hat, einen Freund zu finden, und die sich ihre Popularität durch Grapschen und Knutschen erwirbt (was sie beim eigenen Geschlecht häufig unbeliebt macht), endet oft mit dreißig in einer gescheiterten Beziehung und mit dem Leben unzufrieden. Menschen dagegen, die mehr Zeit damit verbringen, ihre Interessen zu entwickeln, werden mit dem Gefühl, etwas erreicht und Erfüllung gefunden zu haben, ihren dreißigsten Geburtstag feiern.

Auf lange Sicht sind interessante Menschen attraktiver als körperlich schöne Menschen, vor allem, wenn sie das mittlere Alter erreichen und die körperliche Schönheit anfängt zu welken. Wenn Ihr Kind gelernt hat, aufrichtige Freundschaften zum eigenen und anderen Geschlecht aufzubauen, wird es feststellen, dass es sich in ihrer Gesellschaft entspannter und natürlicher geben kann, gewandt in der Kunst der Gesprächsführung, belohnt durch einen großen Freundeskreis und erfüllt als Person und, ironischerweise, besser ausgerüstet für eine dauerhafte sexuelle Beziehung in den vor ihm liegenden Jahren. Vor allem sollte Ihr Kind sein Selbstwertgefühl nicht darin finden, dass es beim anderen Geschlecht ankommt und einen Freund oder eine Freundin findet. Selbst wenn ihm das gelingt, wird es später nur enttäuscht sein.

Top Tipp:

Wenn Ihr Kind keine Beziehung hat, versuchen Sie ihm klarzumachen, dies als eine Gelegenheit zu sehen, sich als Person weiterzuentwickeln, nicht als Zeichen des Versagens.

12. Ein neuer Anfang

Wie Sie Ihrem Kind helfen können, sich aufzurappeln und noch einmal neu anzufangen

Das Leben verläuft anders als in Cartoons dargestellt. Wenn Tom oder Jerry mit sechzig Meilen pro Stunde gegen eine Mauer prallen, fallen sie platt wie eine Briefmarke auf den Rücken. Doch eine Sekunde später springen sie wieder auf, als wäre nichts passiert, und machen einfach weiter. Leider ist es im richtigen Leben ganz anders.

Wenn die Freundschaft Ihres Kindes gerade in die Brüche gegangen ist oder es sich sexuell viel intimer engagiert hat, als beabsichtigt war, dann ist es vermutlich am Boden zerstört. Der Schmerz der Zurückweisung, die Einsamkeit oder die Gefühle des Bedauerns und der Reue können sehr schwerwiegende Auswirkungen haben. Ihr Kind kann sich hässlich fühlen, benutzt, ungeliebt, unmotiviert, und es kann das Gefühl haben, nie wieder glücklich sein zu können. Für Ihr Kind ist es das Ende der Welt. Es kann das nicht »einfach so wegstecken« und in einem oder zwei Tagen überwunden haben.

Vermutlich erinnern Sie sich noch daran, wie Sie selbst sich als Teenager in einer solchen Situation gefühlt haben, vielleicht liegt ein solches Ereignis auch gar nicht so lange zurück. Die Gefühle verändern sich nicht, wenn auch Teenager viel weniger Lebenserfahrung haben als Erwachsene und nicht so richtig wissen, wie sie mit solchen Dingen umgehen sollen.

Dies ist sehr von Vorteil für Sie ... ein Vorteil, den Sie an Ihr Kind weitergeben können. Auf der einen Seite möchten Sie Ihr Kind unterstützen, es wissen lassen, dass Sie es lieben und dass das nun wirklich nicht das Ende der Welt ist, wie schlimm seine Situation gerade auch sein mag. Auf der anderen Seite möchten Sie Ihr Kind ja auch nicht bedrängen oder den Prozess des Trauerns abkürzen, den es unweigerlich durchmachen muss. Sie möchten ihm mit Rat zur Seite stehen, aber Sie wollen ihm auch Zeit und Raum geben.

Es ist schwer, mit anzusehen, wie das Kind, das man liebt, trauert. Doch die Wahrheit ist, dass Sie im Grunde nichts anderes tun können, als da zu sein. Versuchen Sie nicht, die Probleme für Ihr Kind lösen zu wollen, oder auch nur mit ihm zusammen, und denken Sie nicht, Sie müssten ständig reden, um das Schweigen zu brechen. Viele der wertvollsten Lektionen des Lebens lernen wir durch unsere Kämpfe. Wenn Ihr Teenager nicht reden möchte, zwingen Sie ihn nicht dazu. Drängen Sie ihn nicht. Wenn Ihr Kind allein sein will, ziehen Sie sich diskret zurück. Wenn es weinen will, bieten Sie ihm Ihre Schulter, um sich auszuweinen. Ihre Gegenwart allein gibt ihm die Gewissheit, dass Sie es lieben, dass Sie es nicht zurückgewiesen haben und dass Sie ihm die Hilfe geben werden, die es braucht.

Als der berühmte klassische Komponist Robert Schumann starb, stattete sein Freund Johannes Brahms, ebenfalls ein brillanter Komponist, Schumanns Witwe einen Besuch ab. Doch als er das Haus betrat, ging er geradewegs zum Klavier, setzte sich davor, spielte ein Musikstück und ging wieder, ohne auch nur ein einziges Wort gesprochen zu haben. Dies war seine Art, seinen Freund zu ehren und Frau Schumann zu zeigen, wie traurig er war über den Tod ihres Mannes. Er konnte keine Worte für seine Trauer finden, aber natürlich brauchte er auch keine Worte. Auch ohne Worte konnte er seinen Gefühlen Ausdruck verleihen. Seine Anwesenheit war mehr wert als tausend Worte. Auch Sie brauchen nicht viel zu sagen und Ihr Kind möchte vielleicht nicht gern reden. Aber wenn es sich Ihrer bedingungslosen Liebe sicher ist, wird es ihm helfen, die Dinge in die richtige Perspektive zu rücken, auch wenn die Art, wie es auf Sie reagiert, das vielleicht nicht immer klar werden lässt.

Auf keinen Fall braucht Ihr Kind eine Lektion von Ihnen. Wenn Sie ihm Rat anbieten, stellen Sie sicher, dass es bereit und in der Lage ist, ihn sich anzuhören. Denn sonst halten Sie besser den Mund. Dies ist auf keinen Fall der Zeitpunkt für Aussprüche wie: »Ich habe es dir ja gesagt«, selbst wenn das so ist. Und vermeiden Sie möglichst zu betonen, Sie wüssten, wie Ihr Kind sich fühlt, weil Sie als Teenager »genau« dasselbe erlebt hätten, selbst wenn das so ist. Vermutlich möchte Ihr Kind so etwas gar nicht hören.

Top Tipp:

Wenn die Freundschaft Ihres Kindes in die Brüche gegangen ist oder es in sexueller Hinsicht einen Fehler begangen hat, versuchen Sie, ihm Hilfe und Raum zu geben. Seien Sie da, aber bedrängen Sie es nicht.

Ende gut, alles gut?

Eine Beziehung zu beenden kann sehr schmerzlich sein, und die meisten der häufigsten Redewendungen zur Umschreibung für die Beendigung einer Freundschaft spiegeln die unterschiedlichen verzerrten Vorstellungen wider, über die wir in diesem Buch gesprochen haben. Menschen werden »fallen gelassen« oder »sitzen gelassen«, man »entledigt« sich ihrer, als würden wir über Müll sprechen, der entsorgt werden müsste, über einen Gegenstand und nicht über ein menschliches Wesen.

Wenn Ihr Kind sitzen gelassen wurde, wird sein Selbstbewusstsein einen Knacks bekommen. Ihre Aufgabe ist es, ihm zu helfen, zu erkennen, dass *es als Person wertvoll ist und nicht nur durch die Person, mit der es befreundet war.* Durch Ihre Anwesenheit wie durch Ihre Worte müssen Sie ihm klarmachen, dass sein Wert als Person nicht von seiner »Beliebtheit« oder seiner Fähigkeit abhängt, schon früh eine dauerhafte Beziehung einzugehen. Sein Wert als Person hängt mit seiner Einzigartigkeit als menschliches Wesen zusammen und mit der Liebe, die Familie und Freunde ihm entgegenbringen.

Vor allem muss Ihr Kind erkennen, dass es nach einer zerbrochenen Freundschaft der Versuchung widerstehen muss, übereilt eine neue Beziehung einzugehen, egal, wie einsam oder wie schlecht es sich fühlt. Die Ursache für solche übereilten Beziehungen ist häufig eher das Bedürfnis, eine Lücke im Leben auszufüllen und der Einsamkeit zu entfliehen, als der aufrichtige Wunsch, mit dem anderen Menschen zusammen zu sein. Das bedeutet, dass Ihr Kind schließlich dazu kommt, einen anderen Menschen wie einen Gegenstand zu behandeln, so wie es sich selbst behandelt fühlt. Vermutlich endet es dann schließlich gefangen in einer aussichtslosen Beziehung, die es eigentlich nicht wollte, mit einem Freund oder einer Freundin, die es eigentlich nicht richtig respektiert, geschweige denn liebt, nur weil es eine vorübergehende Leere in seinem Leben ausfüllen möchte, indem es sich mit dem erstbesten Partner einlässt.

Idealerweise sollte Ihr Kind warten, bis es weniger verletzlich ist, bevor es eine neue Beziehung beginnt. Zeit mit Freunden zu verbringen und die Wunden heilen zu lassen und außerdem Interessen und Hobbys auszubauen ist ein viel besserer Weg, das innere Gleichgewicht wiederzufinden. Die nächste Beziehung sollte erst eingegangen werden, wenn es sicher ist, dass der Grund dafür die Zuneigung zu der betreffenden Person ist und nicht der Wunsch, einen Freund oder eine Freundin zu ersetzen.

Beruhigen Sie Ihr Kind niemals mit dem Ausspruch, zukünftige Partner gäbe es wie Fische im Meer – wie oft passiert es, dass wir, wenn wir angeln gehen, nur einen alten Stiefel fangen! Und vergleichen Sie auch nicht das Vorhandensein von Freunden oder Freundinnen mit der Häufigkeit von Bussen – Sie wollen doch bestimmt nicht, dass Ihr Kind einen anderen Menschen wie eine Linie 68 behandelt, als Mittel, um von A nach B zu gelangen!

Top Tipp:

Wenn die Freundschaft Ihres Kindes in die Brüche gegangen ist, sollte es der Versuchung widerstehen, sich sofort in eine neue Beziehung zu stürzen.

»Lieber Kevin …«

Und wenn Ihr Kind die Beziehung beenden möchte?

An einem Tag noch ist es bis über beide Ohren verliebt, und schon am nächsten wacht es auf, und die Blase ist geplatzt. Eros hat seine Sachen gepackt und ist gegangen. Und nun, da der romantische Nebel, der Ihr Kind blind gemacht hat für die Fehler des anderen, sich gelichtet hat, kann es nicht mehr begreifen, was es je an dem Freund oder der Freundin gefunden hat. Wie kann es die Beziehung beenden, ohne dem Freund oder der Freundin zu arg wehzutun? Gibt es einen Weg, einen solchen Schritt zu tun und trotzdem hinterher »Freunde« zu bleiben?

Wir wollen doch ehrlich sein: Eine Beziehung zu beenden ist niemals leicht. Und trotzdem gibt es ein paar Dinge, die Ihr Kind tun kann, um den Schmerz des Bruchs für alle Beteiligten zu lindern.

- **Schnelligkeit.** Wenn Ihr Kind mit jemandem befreundet ist und im tiefsten Inneren weiß, dass er der Falsche ist, sollte es den Freund oder die Freundin nicht hinhalten. Ehrlichkeit erfordert vielleicht viel Mut, aber das ist viel besser, als dem anderen etwas vorzumachen. Um den heißen Brei herumzureden und den unausweichlichen Augenblick hinauszuzögern ist kurzfristig gesehen vielleicht leichter, wird aber im Laufe der Zeit zu allen möglichen Problemen führen, und vermutlich werden Freund oder Freundin noch mehr verletzt werden.
- **Deutlichkeit.** Wenn Ihr Kind eine Beziehung beenden möchte, sollte es unbedingt den Grund dafür erklären, vor allem wenn es den Freund oder die Freundin noch mag. Es sollte dem anderen erklären, was in ihm vorgeht. Denn sonst wird der andere sich selbst eine Erklärung zusam-

menreimen müssen und dies könnte zu Verwirrung und gequälten Selbstzweifeln führen.

• **Einfühlsamkeit.** Deutlich, fest und ehrlich zu sein, ist eine Sache, aber ein solches Gespräch kann auf die eine oder andere Weise geführt werden. Es kann ehrlich sein und den Tatsachen entsprechen, einem Menschen ins Gesicht zu sagen, dass sein Atem so übel riecht wie vier Tage alter Kameldung, der langsam über Hickoryholz geröstet wird, oder dass sein neues Outfit ihn aussehen lässt wie Mr. Bean, aber es gibt auch taktvollere und konstruktivere Arten, so etwas vorzubringen.

• **Positive Haltung.** Die meisten Menschen hören nur schlechte Dinge über sich. Das ist, als würde man ins Büro des Schulleiters gerufen. Wenn das passiert, weiß man, dass es sich um nichts Gutes handeln kann! Ihr Kind wird seinem ehemaligen Partner also einen Gefallen tun, wenn es ihm erklärt, dass es nicht an ihm liegt, und seine guten Eigenschaften herausstreicht und vor allem auch das ausspricht, was es zuerst an ihm anziehend fand. Doch muss Ihr Kind darauf achten, dass es nicht gönnerhaft klingt. Der ehemalige Partner mag vielleicht traurig sein, aber keineswegs möchte er Mitleid.

• **Offenheit.** Wenn Ihr Kind eine Freundschaft beenden möchte, sollte es dem Partner viel Zeit zum Reden geben. Es ist hilfreich, wenn Ihr Kind bereit ist, aufmerksam auf das zu hören, was sein »Ex« über ihre Beziehung zu sagen hat. Außerdem ist es ein Zeichen von Reife, wenn es begreift, dass der Fehler bei einem Scheitern einer Beziehung niemals nur auf einer Seite zu suchen ist. Selbst wenn die Beziehung nun vorüber ist, gibt es Dinge, die Ihr Kind für die Zukunft lernen kann.

Top Tipp:

Wenn Ihr Kind eine Beziehung beendet, sollte es dies schnell, deutlich, einfühlsam und positiv tun und offen sein für die Sichtweise des anderen.

»Fang einfach neu an«

Wenn Ihr Kind sexuell weiter gegangen ist, als es eigentlich wollte, und etwas getan hat, das es bedauert, wird es Zeit brauchen, um einzusehen, dass dies nicht das Ende der Welt ist. Es kann neu anfangen.

Natürlich haben Fehler ihre Konsequenzen. Und natürlich ist es so, je schwerer der Fehler, desto gravierender können die Konsequenzen sein. Doch für jeden von uns ist es wichtig, aus seinen Fehlern zu lernen, Hilfe zu suchen, wenn wir sie brauchen, und einen Weg zu finden, weiterzumachen.

- Wenn Ihre Tochter Sex gehabt und Angst hat, schwanger zu sein oder sich mit einer Krankheit angesteckt zu haben, sollten Sie mit ihr zum Gynäkologen oder einem anderen Arzt gehen. Sie können die bestmögliche Hilfe geben und Ihr Gespräch wird vertraulich behandelt. Wenn Ihre Tochter lieber allein gehen möchte oder wenn Sie den Eindruck haben, sie könnte schwanger sein, möchte aber nicht darüber reden, raten Sie ihr, eine Familienberatungsstelle aufzusuchen. Dazu sind sie immerhin da.
- Wenn Ihr Kind Sex gehabt hat und sich benutzt fühlt oder enttäuscht ist oder auch wenn es sich schuldig

fühlt und mit Ihnen nicht darüber reden möchte, hilft es ihm vielleicht, mit einem anderen Erwachsenen, den es kennt und dem es vertraut, zu reden oder sogar mit einem professionellen Seelsorger oder einer Organisation, die darauf spezialisiert ist, mit Teenagern über Sex zu reden. Es ist immer gut, solche Dinge mit einem Menschen durchzusprechen, der klüger und erfahrener ist als man selbst und der aus dem Gesagten kein persönliches Urteil fällt. Vertraulichkeit und Vorurteilsfreiheit sind wichtige Kriterien bei der Suche eines Vertrauten.

Obwohl Ihr Kind vielleicht die emotionalen, sozialen oder körperlichen Konsequenzen seines Handelns wird tragen müssen, möchten Sie nicht, dass es gefangen ist in seiner Vergangenheit oder sich selbst als beschmutzt oder als zweite Wahl sieht. Auch möchten Sie nicht, dass es der Vorstellung erliegt, nur weil es ein- oder zweimal Sex gehabt hat, müsse es auch weiterhin Sex haben, auch wenn es lieber damit aufhören würde. Manchmal haben junge Leute große Schwierigkeiten damit, vor sich selbst zu rechtfertigen, warum sie auf einmal nein sagen sollten, wo sie doch schon mal ja gesagt haben. »Immerhin«, denken sie vielleicht, »habe ich meine Jungfräulichkeit ja bereits verloren. Der Schaden ist also schon angerichtet. Ist es denn nicht schon zu spät?« Doch die Wahrheit ist, es ist nie zu spät. Wenn auch die Jungfräulichkeit nur einmal weggegeben werden kann (und darum sollte dies auch nur nach sorgfältiger Überlegung geschehen), sollte Ihr Kind unbedingt begreifen, dass es lernen und weitermachen kann. Es kann noch einmal neu anfangen.

Top Tipp:

Ihr Kind braucht kein Gefangener seiner Vergangenheit zu werden – versuchen Sie, ihm zu helfen, aus seinen Fehlern zu lernen … und weiterzumachen.

Die elfte Stunde

Manche Menschen lassen sich auf Sex ein, weil sie den Eindruck haben, nachdem sie an einen bestimmten Punkt gekommen sind, hätten sie nicht mehr das Recht zu kneifen. Vielleicht haben sie sich von ihrer Leidenschaft mitreißen lassen, sind viel weiter gegangen, als ihnen eigentlich recht war. Sie möchten aufhören, haben aber den Eindruck, dass das dem Partner gegenüber nicht fair wäre. Vielleicht wissen sie nicht einmal, wie sie der Sache Einhalt gebieten sollen. Oder vielleicht waren sie mit Sex einverstanden, haben nun aber das Gefühl, es doch nicht zu schaffen. Vielleicht war es sogar ihre Idee. Doch es ist niemals zu spät für die Entscheidung, keinen Sex zu haben.

Als im Jahr 1988 der Film *Angeklagt* in die Kinos kam, sorgte er für viel Aufregung. Darin wird die Geschichte von Sarah Tobias erzählt, einer Frau, die in einer Bar von mehreren Männern vergewaltigt wird, und ihrem nachfolgenden Kampf um Gerechtigkeit gegen die Männer, die sie vergewaltigten, und die anderen, die zugesehen und sie noch angefeuert haben. Viele Beratungsstellen von Vergewaltigungsopfern waren mit diesem Film überhaupt nicht glücklich, da Sarah Tobias alles andere war als das typische Vergewaltigungsopfer: betrunken, zugedröhnt, provokativ gekleidet, sexuell befreit, mit einer lauten Klappe, und ganz offensichtlich hatte sie den Wunsch, sich zu vergnügen. Sie flirtete sogar vor der Vergewaltigung mit ihren Angreifern. Die Beratungsstellen für Vergewaltigungsopfer befürchteten, dieser Film könnte das Thema verzerren, doch die Befürworter des Films argumentierten, das Thema sei deutlich geworden. Sarah Tobias, behaupteten sie, hatte das *Recht* zu flirten. Sie hatte das *Recht*, in der Art, wie sie sich kleidete und tanzte, ihre Sexualität zur Schau zu stellen. Und sie hatte das *Recht*, eine Grenze zu ziehen und sich zu weigern, Sex zu haben. Hat sie ihre Angreifer provoziert? Vielleicht. Aber das ändert nichts an der Tatsache, dass sie das gesetzliche und moralische Recht hatte, den Vorgängen zu *jedem* Zeitpunkt Einhalt zu gebieten. Als ihre Angreifer und die Helfer dieses Recht ignorierten, verwandelten sie ein Spiel des gegenseitigen Flirtens in eine gewalttätige Vergewaltigung.

Und so hat auch Ihr Kind *immer* das Recht, eine Grenze zu ziehen und sich zu weigern, Sex zu haben. In welcher Situation es sich auch befindet, es ist *niemals* zu spät, um nein zu sagen. Wir alle machen dann und wann eine Dummheit, provozieren Menschen mehr – als wir sollten – vielleicht denken wir einfach nicht über die Konsequenzen unseres Handelns nach, oder wir finden die Aufmerksamkeit so schmeichelhaft, dass wir dem kein Ende setzen wollen. Doch so unklug dieses »provozierende« Verhalten auch sein mag, es ändert nichts an der Tatsache, dass wir vom rechtlichen und moralischen Standpunkt das Recht haben, unsere Meinung *jederzeit* zu ändern, selbst auf halbem Wege, wenn die Sache schon so weit gegangen ist. Ihr Kind sollte also *niemals* eine Sache durchziehen, wenn es das nicht wirklich möchte. Von dem Augenblick an, wo es nein sagt, hat es seine Zustimmung entzogen. Und Sex ohne Zustimmung ist, wie man es auch dreht und wendet, Vergewaltigung.

Was kann Ihr Kind also tun? Wie kann es nein sagen? Fair und effektiv wäre es, sich so zu verhalten, wie ein Erwachsener es tun würde: den Partner wegzuschieben und zu rufen (nur um sicherzustellen, dass er es auch gehört hat): *»Hör auf damit! Ich möchte es nicht!«* Wenn nötig, muss es sich vom anderen lösen und seine Kleider wieder anziehen. Solche Gesten helfen, die Botschaft zu unterstreichen, dass der »Spaß« vorbei ist. Natürlich ist es möglich, dass der Partner diese Wende der Ereignisse nicht besonders gut aufnimmt. Vielleicht muss er davon überzeugt werden, dass Ihr Kind es ernst meint. Aber wenn er es respektiert und nicht ernsthaft in Schwierigkeiten geraten möchte, *wird* er aufhören.

Top Tipp:

Ihr Kind muss begreifen, dass es durchaus *jederzeit* das Recht hat zu entscheiden, keinen Sex zu haben – auch auf halbem Wege!

Das letzte Wort

Der Körper Ihres Kindes gehört ihm. Niemandem sonst. Manchmal fühlen wir uns unter Druck gesetzt, etwas zu tun, das wir lieber nicht tun würden, oder wir tun etwas, das wir im Nachhinein lieber nicht getan hätten. Das gilt natürlich ganz besonders in Bezug auf Sex. Wie leicht kann Ihrem Kind eingeredet werden, es wäre niemand, wenn es »es« nicht getan hätte, oder dass Neinsagen es unbeliebt macht. Aber die Sexualität Ihres Kindes ist ein kostbares Geschenk, kein billiges Spielzeug für andere. Und darum muss es unbedingt bestimmen dürfen, was es damit tut.

Ihr Kind muss wissen, dass die Verantwortung für Entscheidungen, was es mit seinem Körper tut, bei ihm liegt. Darum ist es auch so wichtig, dass es schon früh anfängt, über seine Möglichkeiten nachzudenken und zu entscheiden, inwiefern es bereit ist, einer solchen Situation vorzubeugen, weil es verheerend wäre zu warten, bis es passiert. Je nach Situation kann es sein, dass es viel weiter geht, als es eigentlich wollte, bevor es noch weiß, was überhaupt los ist. Wenn es darauf wartet, dass das Telefon läutet, die CD zu Ende ist, der Freund oder die Freundin plötzlich die Meinung ändert, die Eltern unerwartet zurückkehren oder der Papst ihnen in einer Vision erscheint und sie vor dem Fehler, den sie begehen wollen, warnt, dann wird es vermutlich enttäuscht. Und vermutlich wird es ihm hinterher sehr Leid tun.

Darum übermitteln Sie Ihrem Kind neben allen biologischen, moralischen und emotionalen Tatsachen über Geschlechtsverkehr und Entwicklung auch die Botschaft, dass es das *Recht* hat zu entscheiden, wann, wo, warum, wie und mit wem es Sex hat. Dies ist eine Entscheidung, die es bewusst und sorgfältig treffen sollte, nach reiflicher Erwägung aller relevanten Fakten und möglichen Konsequenzen. Immerhin gehört Sex zu seiner Persönlichkeit. Darum sollte es auch darüber bestimmen dürfen.

Um Ihrem Kind zu helfen, diese Kontrolle zu behalten, sollten Sie unbedingt mit ihm im Gespräch bleiben und so früh wie möglich anfangen, ihm das klarzumachen. Es wird nicht leicht sein, dieses Gespräch aufrecht zu erhalten, vor allem während der schwierigen Teenagerjahre. Das bedeutet nicht, dass Sie mit vorhersehbarer Regelmäßigkeit das Thema Sex ansprechen, wann immer Sie die Möglichkeit dazu sehen. Auch bedeutet es nicht, die Kinder von dem Augenblick an, wo sie von der Schule nach Hause kommen, anzupredigen, sodass sie Angst haben, einen Fuß vor die Tür zu setzen. Wenn Sie das mit einem Erwachsenen täten, würde er zu dem Schluss kommen, dass Sie vom Sex besessen sind, und Ihnen einen guten Psychiater empfehlen. Denken Sie nicht, bei Ihrem Kind wäre das anders. Vielmehr ist es wichtig, ein natürliches, gesundes Gleichgewicht beizubehalten.

Ein Vorteil dieses Ansatzes ist, dass Sie, wenn Ihr Kind das Teenageralter erreicht hat, in dem emotionale Ausbrüche und Fehler in sexueller Hinsicht an der Tagesordnung sind, nicht nur das Fundament gelegt haben, damit es die notwendigen Entscheidungen treffen kann, sondern Sie haben auch eine vertrauensvolle Beziehung aufgebaut, die von unschätzbarem Wert ist, wenn Sie Ihrem Kind die liebevolle und einfühlsame Unterstützung geben wollen, die es braucht, um mit dem Bruch einer Beziehung oder Fehlern fertig zu werden.

Im vergangenen Monat bin ich mit einem meiner Kinder zum Essen ausgegangen. Das Lokal war nichts Besonderes, ich wollte nur mit meinem Kind einmal allein sein. Ich versuche das regelmäßig mit jedem meiner Kinder zu tun. Dies gibt uns die Gelegenheit, über alle möglichen Dinge zu sprechen, nicht nur über Sex. Bei dieser besonderen Gelegenheit jedoch nutzte ich die Situation, um mich bei meiner Tochter im Voraus für alle Fehler zu entschuldigen, die ich sicher in den kommenden Jahren machen würde, vor allem in Bezug auf Jungen.

»Ich wünschte, ich wüsste, was ich in jeder Situation sagen sollte«, sagte ich zu ihr, »und wie ich reagieren sollte. Aber auch wenn ich davon überzeugt bin, dass ich manchmal Fehler machen oder dich in Verlegenheit bringen werde, sollst du wissen, dass meine eigentliche Motivation meine Liebe zu dir ist. Wenn du den Eindruck hast, dass ich dich verfolge oder dir nicht vertraue, oder wenn ich zum falschen Zeitpunkt genau das Falsche sage, dann nur, weil ich mir Sorgen um dich mache. Ich werde nicht versuchen, mich einzumischen. Ich versuche nur, dir zu helfen, das alles zu verstehen. Ich weiß, dass du die Entscheidungen zu treffen hast. Ich möchte nur, dass du in der Lage bist, gute und kluge Entscheidungen zu treffen, Entscheidungen, mit denen du auch zehn oder zwanzig Jahre später noch leben oder sogar glücklich sein kannst.«

Top Tipp:

Der Körper Ihres Kindes gehört *ihm*, und *Ihr Kind* muss die Entscheidung treffen, ob, wann und mit wem es Sex haben möchte.

13. Das »dreckige Dutzend«

Zwölf unangenehme Fragen, die Ihr Kind zum Thema Sex stellen könnte ... und wie Sie damit umgehen

1. Wo kommen die Babys her?

Diese oder eine ähnliche Frage wird möglicherweise die erste Frage sein, die Ihr Kind über Sex stellen wird. Vermutlich wird es zu diesem Zeitpunkt drei oder vier Jahre alt sein. Mit anderen Worten, es ist noch kein hochkarätiger Wissenschaftler, Sie brauchen ihm also noch längst nicht alle Einzelheiten der Fortpflanzung zu erklären, vom heißen Vorspiel bis zum Krankenhausflur. Betrachten Sie diese erste Frage als den Beginn eines zehnjährigen Gespräches über Sex. Befriedigen Sie seine Neugier, aber erzählen Sie ihm nicht zu viel. Wenig und häufig ist der beste Ansatz. Aber was immer Sie auch tun, heben Sie nicht alles auf für ein großes »Gespräch über Sex«, wenn Ihr Kind sechzehn ist, denn dann ist es schon viel zu spät und zu peinlich. Geben Sie vor allem so einfache und offene Erklärungen wie möglich. Sie möchten doch, dass Ihr Kind Sex und Sexualität als einen natürlichen und kostbaren Teil des Lebens betrachtet, nicht als ein bedrohliches und verwirrendes Minenfeld.

Sie könnten ihm etwa Folgendes antworten: »Die Babys wachsen im Bauch deiner Mami.« Wenn es dann fragt, wie das Baby in den Bauch der Mami kommt, erklären Sie ihm, dass Mamis und Papis eine besondere Art haben, sich zu lieben, und Babys wären manchmal das wundervolle Ergebnis davon.

So verlockend das auch sein mag, Ihr Kind mit Geschichten über Störche, Stachelbeerbüsche oder Vögel und Bienen abzuspeisen, mit diesem Ansatz werden Sie sich später nur Schwierigkeiten einhandeln. Wenn Ihre Kinder schließlich die Wahrheit über Sex herausfinden, werden sie sich entweder fragen, wie viele kleine »weiße Lügen« Sie ihnen erzählt haben, um Ihnen Peinlichkeiten zu ersparen, oder wie jemand, der auf sexuellem Gebiet so unwissend ist, überhaupt Vater oder Mutter geworden ist. Als Dennis aus der Schule nach Hause kam, war er wütend. Er zitierte seine Eltern ins Wohnzimmer und verkündete mit lauter Stimme: »Okay, alle in diesem Hause sollen erfahren, dass ich, Dennis Müller, mich heute im Sexualkundeunterricht zum Narren gemacht habe, weil ich die Geschichten über den Klapperstorch, die mir gewisse Bewohner dieses Hauses erzählt haben, dort zum Besten gegeben habe!«

Es ist wichtig, aufrichtig zu sein, die Dinge aber zu vereinfachen. Anatomie ist vielleicht nicht gerade die starke Seite Ihres Kindes, vor allem nicht mit vier oder fünf, und es gibt auch keinen Grund, warum das so sein sollte. Sie möchten ihm die Wahrheit sagen, aber Sie brauchen ihm nicht die *ganze* Wahrheit auf *einmal* zu erzählen. Als Corni und ich unseren Kindern zum Beispiel beibrachten, die Uhr zu lesen, haben wir uns nicht mit ihnen hingesetzt und detailliert alles erklärt, was Einstein über die Relativität der Zeit in Bezug auf die Bewegung gesagt hat. (Der Hauptgrund dafür ist, dass ich davon selbst keine Ahnung habe!)

Vielmehr haben wir ihnen den großen Zeiger und den kleinen Zeiger und die Zahlen dazwischen gezeigt. Der Rest konnte warten. Nach und nach, als sie älter wurden und mehr begriffen, haben wir ihnen auch mehr erklärt.

Die Wahrheit mag seltsamer sein als Geschichten und sehr viel peinlicher zu erklären, aber auf Dauer ist sie sehr viel nützlicher für Ihr Kind. Zum einen wird sie ihm eine feste, sachliche Grundlage vermitteln, auf dem Sie ein angemessenes Verständnis von Sex aufbauen können. Zum anderen wird sie dazu beitragen, Ihr Kind durch sachliche Information vor einigen sehr beharrlichen und schädlichen Mythen in Bezug auf Sex zu schützen. Denn schließlich gilt: Wissen ist Macht.

2. Tut ihr das wirklich ... und muss ich das auch machen, wenn ich älter bin?

Als Sarahs kleiner Sohn fragte, was die beiden Leute auf dem Fernsehbildschirm täten, erwiderte sie, sie würden auf »besondere Weise« schmusen – auf eine Art, wie ein Baby entsteht. »Oh«, erwiderte er, »ich dachte, das würde passieren, wenn der Mann seinen Penis in die Scheide der Frau steckt!« Ob es Ihnen gefällt oder nicht, alle Kinder werden heutzutage bereits in zartem Alter nicht nur sexuellen Bildern ausgesetzt, sowohl im Fernsehen als auch auf Plakaten, sondern auch sexueller Information. Wenn sie schließlich die volle Realität dessen, was Sex ist, erfassen, mag Ihr Kind von der Aussicht darauf eher angewidert sein, vor allem im Alter von neun oder zehn Jahren. Die meisten Kinder erleben eine lange Phase des Umgangs mit dem eigenen Geschlecht – Jungen halten Mädchen für schwach, Mädchen finden Jungen dumm. Die Vorstellung, intimen Kontakt zum anderen Geschlecht aufzunehmen, ist genauso abstoßend wie zum Beispiel Schnecken zu essen.

Dies ist eine gute Zeit, Ihrem Kind die emotionalen und moralischen Aspekte von Sex zu erklären, falls Sie das noch nicht getan haben. Sie können ihm auch erklären, welche Auswirkungen die Hormone auf seine Wünsche haben wird. Auch sollten Sie ihm das Konzept der Zustimmung klarmachen (und ihm Vergewaltigung und sexuellen Missbrauch erklären). Vor allem ist dies eine gute Zeit, ihm verstehen zu helfen, dass Sex und Sexualität im Grunde genommen eine gute Sache sind.

Wenn Ihr Kind bei dem Thema Sex besonders ängstlich oder abgestoßen reagiert, fragen Sie es so einfühlsam wie möglich, ob es jemals von jemandem auf eine Weise berührt worden ist, die ihm unangenehm war. Betonen Sie noch einmal, dass es immer mit Ihnen sprechen kann, falls jemand, egal wer, es jemals auf eine Weise berührt, die ihm unangenehm ist.

3. Wann ist man zu jung, um Sex zu haben?

Obwohl ein Mädchen körperlich bereits kurz vor seiner ersten Periode für Sex bereit ist und ein Junge, sobald er anfängt, Erektionen zu bekommen, muss man sagen, dass sie zu diesem Zeitpunkt emotional noch viel zu jung dafür sind. Die meisten Kinder wissen das instinktiv, trotz der Tatsache, dass ihre Hormone anfangen, verrückt zu spielen. Die Gesellschaft als Ganzes weiß dies auch und hat deshalb das Mindestalter der Zustimmung für Sex auf sechzehn festgesetzt. Junge Menschen, die dieses Alter noch nicht erreicht haben, werden als emotional noch nicht reif genug eingeschätzt, um selbstständig verantwortungsbewusste Entscheidungen in Bezug auf Sex zu treffen. Tatsache ist jedoch, dass 25 Prozent der Jungen und 20 Prozent der Mädchen unter sechzehn bereits Sex haben. Andererseits sind auch viele über sechzehn noch nicht reif genug, um kluge und verantwortungsbewusste Entscheidungen zu treffen.

Es reicht also nicht aus, Ihrem Kind einfach zu sagen, »unter sechzehn« sei noch zu früh, um Sex zu haben. Es ist wichtig zu erklären, warum es dieses Mindestalter gibt, und ihm zu helfen, das größere Bild zu sehen, das es brauchen wird, wenn es bereit und in der Lage sein will, gute Entscheidungen für sich zu treffen, nachdem es die »süßen sechzehn« erreicht hat. Es muss den Unterschied zwischen einer guten und einer schlechten Entscheidung kennen, und es muss in der Lage sein, dem Druck standzuhalten, der auf es ausgeübt wird, Sex zu haben, bevor es sich bereit dazu fühlt, bevor es seine eigene Entscheidung ist. Versuchen Sie nicht, ihm die Entscheidungen abzunehmen, und speisen Sie Ihr Kind nicht mit einer leichten Antwort ab. Konzentrieren Sie sich vielmehr darauf, ihm die emotionale Ausrüstung und die sachlichen Informationen zu geben, die nötig sind, damit seine bewusste Entscheidung eine gute Entscheidung ist, und dann weisen Sie noch einmal ausdrücklich darauf hin, dass Sie ihm vertrauen. Keine Sorge, diese Art der Aufklärung wird Ihr Kind nicht in eine sexuelle Begegnung drängen, im Gegenteil, alles spricht dafür, dass eine gute sexuelle Aufklärung (einschließlich Informationen über Dinge, die man nicht tun sollte, oder darüber, wie man bestimmte Dinge tun sollte) das Alter des ersten Kontaktes nach oben verschiebt, nicht nach unten.

4. Tut Sex weh?

Ist Ihr Kind, wenn es eine solche Frage stellt, noch sehr jung, dann hat es vermutlich eine Sexszene im Fernsehen gesehen und das Stöhnen und Keuchen missverstanden. Die einfache Antwort ist nein. Wenn es etwas älter ist und Sie alle Einzelheiten des Geschlechtsverkehrs bereits erklärt haben, dann ist es an der Zeit, diese Frage etwas ausführlicher zu beantworten. Sex kann wehtun, aber normalerweise ist er für Frauen nur schmerzhaft, wenn a) sie zum ersten Mal Sex hat und ihr Jungfernhäutchen noch intakt ist, b) der Bereich um die Vagina entzündet ist, was alle möglichen Ursachen haben kann, von Stress bis hin zu einer Infektion (auf jeden Fall sollte der Arzt aufgesucht werden), oder c) wenn die Penetration zu früh erfolgt und die Vagina noch nicht ausreichend feucht ist.

5. Stimmt mit mir etwas nicht? Bin ich anormal?

Ein altes Sprichwort lautet: »Es zählt nicht, was du hast, sondern nur, was du damit tust.« Doch der Mehrheit der Teenager fällt es schwer, sich mit den Veränderungen des Körpers abzufinden. Die Größe ist alles. Um es klarer auszudrücken, etwa dieselbe Größe und Figur zu haben wie alle anderen ist sehr wichtig. Nichts ist schlimmer für einen Teenager, als in Bezug auf die körperliche Entwicklung der erste oder letzte in einer Gruppe von Freunden zu sein. Wenn ein Mädchen oben rum zu groß oder zu klein ist, dann kann das entsetzlich peinlich sein. Wenn ein Junge als Erster oder als Letzter in den Stimmbruch kommt oder wenn sein Bartwuchs schneller oder langsamer ist als der der anderen, fühlt er sich wie ein Exot. Für einen Teenager bedeutet Durchschnitt alles. Die eigene Unsicherheit und der Wunsch, von den Kameraden akzeptiert zu sein, bringen sie dazu, sich auf die Sicherheit von Zahlen zu verlassen.

Als Eltern jedoch ist es Ihre Aufgabe, ihnen zu helfen zu akzeptieren, wer und was sie in sich sind. 1943, mitten im Zweiten Weltkrieg, schrieb der amerikanische Pastor Reinhold Niebuhr in einer kleinen Dorfkirche in Neuengland ein kurzes Gebet auf die Rückseite eines Briefumschlages. Da dieses Gebet von den Anonymen Alkoholikern übernommen wurde, ist es bekannt geworden. Es lautet: »Gott, hilf uns dabei, Dinge, die wir nicht ändern können, fröhlich anzunehmen, gib uns Mut, die Dinge, die geändert werden sollten, zu ändern, und die Weisheit, das eine von dem anderen zu unterscheiden.« Als Eltern möchten Sie, dass Ihr Kind diese Haltung übernimmt in Bezug auf das, was es sieht, wenn es in den Spiegel schaut.

Die Anlagen für Größe, Figur, Geschlecht, Hautfarbe oder Gewicht zum Beispiel sind in seinen Genen zu finden, und abgesehen von einer radikalen Operation gibt es nicht viel, was es in Bezug auf sein Aussehen tun kann. Je mehr Sie Ihrem Kind helfen, diese Dinge positiv zu sehen, sie zu akzeptieren und sogar schätzen zu lernen, desto glücklicher wird es auf Dauer sein können. Denn genau die Charakteristika, die es von allen anderen unterscheiden, sind die Faktoren, die es zu etwas Besonderem machen. Indem Sie also Ihrem Kind helfen, die Weisheit zu entwickeln, zu erkennen, was es an sich ändern und was es nicht ändern sollte, helfen Sie ihm, zu einem einzigartigen, kostbaren Individuum zu werden.

6. Wie kann ich nein sagen?

Für jeden Teenager ist es wichtig, eine eigene Meinung zu haben, aber der Mut, an ihrer Entscheidung festzuhalten, ist genauso wichtig wie das Wissen, wie eine Entscheidung zu treffen ist. Als Eltern möchten Sie nicht, dass Ihr Kind in sexueller Hinsicht zu etwas gedrängt wird, zu dem es noch nicht bereit ist, darum ist es wichtig, ihm zu helfen, nein zu sagen, wenn es keinen Sex haben möchte. Dazu gehört, dass Sie ihm erklären, welche Möglichkeiten es hat und welche Konsequenzen die jeweilige Möglichkeit nach sich ziehen kann. Sie sollten ihm nicht nur ausführlich erklären, was *Ihnen* am liebsten wäre, sondern sachlich und ruhig alle Möglichkeiten ansprechen. Immerhin werden die jungen Leute unablässig mit sexueller Information bombardiert, von der vieles einseitig und unzureichend ist. Wenn Sie Ihrem Kind nicht die anderen Möglichkeiten erklären, dann kann es sein, dass es von einem anderen davon erfährt, vielleicht sogar in einer gefährlich unvollständigen Fassung.

Sie müssen Ihr Kind jedoch nicht nur aufklären, sondern ihm auch helfen, Selbstbewusstsein und Selbstwertgefühl zu entwickeln, die es braucht, um für seine Überzeugungen einzustehen. Es ist nicht leicht, »nein« oder »noch nicht« zum Sex zu sagen, wo so viele andere »ja, ja, ja« zu rufen scheinen. Das erfordert sehr viel Mut und in neun von zehn Fällen auch sehr viel moralische Unterstützung. Zum Teil sollte diese Unterstützung von seinen Freunden kommen, aber Ihr Kind wird auch wissen müssen, dass Sie ihm immer den Rücken stärken. Bedingungslose Liebe, ohne Wenn und Aber, ist ein wichtiges Element bei der Aufgabe, ihm das Selbstwertgefühl zu vermitteln, das es brauchen wird, wenn die Entscheidung nicht nur seine eigene, sondern auch eine kluge Entscheidung sein soll.

7. Wie weit sollte ich gehen?

Die einfache Antwort lautet, nur so weit, wie es sich rundum wohl fühlt und natürlich immer im Rahmen des Gesetzes. Doch wenn Sie Ihr Kind nicht mit Radar überwachen oder unter 24-Stunden-Aufsicht halten, reicht es nicht aus, ihm zu sagen, wie weit es gehen kann. Es muss *seine* Entscheidung sein, nicht *Ihre*, wenn auch nur der Hauch einer Chance bestehen soll, dass es in der Hitze des Gefechts an ihr festhalten kann. Ihr Kind muss das Gefühl haben, diese Entscheidung eigenständig getroffen zu haben. Darum ist es so wichtig für Sie, Ihre Wertvorstellungen schon früh an Ihr Kind weiterzugeben als Anhaltspunkte für die eigenen Überlegungen, welchen Standpunkt es selbst zu den einzelnen Themen einnimmt. Nur dann kann es genau wissen, wie weit es gehen möchte und warum. Es hat keinen Zweck, wenn Ihr Kind versucht, seine Entscheidung spontan zu treffen. Es wird ihm schon schwer genug fallen, die Grenzen nicht zu überschreiten, wenn es sie im Vorfeld durchdacht und festgelegt hat. Aber wenn es seine Grenzen nicht im Vorfeld festgelegt hat, dann wird es sicherlich sehr viel weiter gehen, als es eigentlich möchte. Begierde ist ein starker Motivator, und es ist fast unmöglich, in der Hitze des Augenblicks noch vernünftig zu denken.

Achten Sie darauf, dass Ihr Kind die Konsequenzen der unterschiedlichen Phasen kennt – küssen, kuscheln, Petting, penetrativer Sex –, und erklären Sie ihm die emotionalen Konsequenzen, nicht nur die körperlichen. Und dann vertrauen Sie darauf, dass Ihr Kind sich seine eigene Meinung bildet, die Tür für Sie offen lässt, damit Sie auch in der Zukunft weiter im Gespräch bleiben können, wenn es das möchte. Wenn Ihr Kind weiß, dass es seine eigene Entscheidung ist und wie es zu dieser Entscheidung gekommen ist, und wenn Sie alles in Ihrer Macht Stehende getan haben, ihm zu helfen, ein gesundes Selbstvertrauen zu entwickeln, dann wird es vermutlich daran festhalten, selbst wenn alle Hormone im Körper schreien, es solle es nicht tun.

Niemand sagt, dass es leicht ist, bei einer Entscheidung zu bleiben. Das Problem ist, dass wir häufig hin- und hergerissen sind: Ein Teil von uns möchte ja sagen, ein anderer Teil möchte nein sagen. Im Grunde genommen stehen hier die langfristigen Wünsche den kurzfristigen gegenüber. Auf lange Sicht wollen wir, dass alles absolut perfekt ist: Der Zeitpunkt, die Atmosphäre, der Partner, die Leidenschaft, das ganze Drum und Dran. Wir möchten zurücksehen und uns freuen können, dass wir es zu diesem bestimmten Zeitpunkt getan haben. Doch auf kurze Sicht kann es sein, dass wir Sex haben wollen, selbst wenn die Umstände und der Partner alles andere als ideal sind. Angetrieben von unseren Hormonen und unserer Begierde, ist es sehr verwirrend, zwei gleich starke und doch so gegensätzliche Wünsche gleichzeitig zu empfinden. Stark sein oder nicht stark sein, das ist hier die Frage.

Es ist wichtig, dass Sie Ihr Kind auf die volle Realität dieses Dilemmas vorbereiten, denn sonst tut es vielleicht etwas, das es später bereut.

Die Wahrheit ist, es kann durchaus aufhören, wenn es das möchte. Aber je länger es diese schwierige Entscheidung aufschiebt, wenn seine Zunge fest im Mund des Freundes oder der Freundin implantiert zu sein scheint und die Hände nervös an Knöpfen und BH-Trägern herumfummeln, desto schwieriger wird es, die richtige Entscheidung zu treffen. Von der Leidenschaft mit fortgerissen, wird es ihm beinahe unmöglich sein, eine klare, bewusste, kalkulierte Entscheidung zu treffen. Vermutlich wird es auch das ganze Thema Verhütung und »sicheren Sex« ignorieren.

8. Kann man beim ersten Mal schwanger werden?

Nach den Statistiken ist die gefährlichste Kategorie von Fahrern in Großbritannien nicht die der älteren Leute, die ihre Brille seit Monaten nicht mehr geputzt haben, besonders gefährdet und gefährlich sind junge Männer, die gerade ihren Führerschein gemacht haben. Die Kombination von zu viel Vertrauen in die eigenen Fähigkeiten, zu wenig Erfahrung in Bezug auf die Dummheiten anderer Fahrer und eine unzureichende Kenntnis der Verkehrsregeln erweist sich häufig als tödlich. Und so können auch das übersteigerte Selbstvertrauen der jungen Leute, dass »so etwas mir doch nicht passieren kann«, ihre Unkenntnis der Risiken und möglicher Konsequenzen ihres Handelns, ihr Versäumnis, angemessene Vorsichtsmaßnahmen zu ergreifen, ihre mangelnde Erfahrung in der Anwendung von Verhütungsmitteln und ihre relative emotionale Unreife manchmal katastrophale Folgen haben.

Ihr Kind muss über Verhütung und die Risiken von sexuell übertragbaren Krankheiten Bescheid wissen. Zu seinem eigenen Schutz muss es darüber informiert werden und die Kontrolle behalten. Darum setzen Sie sich mit ihm zusammen und erklären Sie ihm die unterschiedlichen Formen der Verhütung. Das mag vielleicht peinlich sein, vielleicht peinlicher für Ihr Kind als für Sie. Aber Sie müssen Ihrem Kind unbedingt die möglichen Verlockungen und Fallstricke von Sex klarmachen. Sex kann wundervoll sein, aber manchmal eben auch tödlich. Und für 8000 Teenager im Jahr unter sechzehn kann Sex der Beginn einer unerwarteten Mutterschaft sein. Darum achten Sie darauf, dass Ihr Sohn oder Ihre Tochter die Risiken der Schwangerschaft oder einer sexuell übertragbaren Krankheit beim ersten Mal und jedem Mal begreift. Und sorgen Sie dafür, dass Ihr Kind über die unterschiedlichen Verhütungsmaßnahmen Bescheid weiß. Unterschlagen Sie ihm auch nicht, was Woody Allen einmal das beste orale Verhütungsmittel genannt hat: Das Wort »nein«.

9. Woher weiß ich, dass ich den richtigen Partner erwischt habe?

Das ist keine einfache Frage. Die meisten von uns wünschen sich tief in ihrem Innern ein Märchen. Wir möchten einen Menschen finden, bei dem unser Herz ein wenig schneller schlägt, der uns so liebt, wie wir sind, und mit dem wir den Rest unseres Lebens verbringen können. Auch wollen wir, wenn wir ehrlich sind, dass er atemberaubend aussieht. Aber das sind ziemlich hohe Ansprüche, und vermutlich werden wir so etwas auch nicht auf Anhieb finden, falls überhaupt jemals. Außerdem werden sich diese Ansprüche, wenn wir älter werden, verändern, weil wir uns mit fortschreitendem Alter verändern. Darum sieht der Partner, den wir mit vierzehn suchen, ganz anders aus als der Partner, den wir mit vierzig suchen. Das ist auch der Grund dafür, dass so viele Ehen in die Brüche gehen: Wenn man nicht hart daran arbeitet, dass man im Laufe der Jahre zusammenwächst, wird man sich schließlich auseinander entwickelt haben.

Das heißt, die wichtigsten Eigenschaften, nach denen Ihr Kind Ausschau halten sollte, sind nicht gutes Aussehen oder eine Sinnlichkeit, die einem einen kalten Schauer über den Rücken jagt, sondern Liebe, Unterstützung und »miteinander vereinbare Unterschiede«. Ihr Kind muss nicht nach jemandem suchen, der genauso ist wie es selbst, auch sollte es sich nicht auf die Suche machen in der Überzeugung, dass »Gegensätze sich anziehen«. Es zählt nur, dass der Freund oder die Freundin ein Mensch ist, der das Beste in ihm zum Vorschein bringt und in dessen Nähe es sich so geben kann, wie es ist. Ihre Unterschiede sollten sich gegenseitig ergänzen, und ihre Gemeinsamkeiten sollten ihnen helfen, sich gegenseitig zu helfen und zu ermutigen.

Es ist durchaus möglich, dass Ihr Kind mindestens ein oder zwei Freundschaften erlebt, bevor es den Richtigen oder die Richtige findet. Das ist nicht unbedingt ein Nachteil, und es sollte nicht sofort denken: »Das ist der Richtige!« Solche hohen Erwartungen können verhindern, dass der Freund oder die Freundin richtig eingeschätzt wird. Nicht jede Beziehung muss ewig dauern, und nur wenige

Beziehungen, die in den Teenagerjahren eingegangen werden, haben Bestand. Aber darum ist es um so wichtiger für Ihr Kind, sorgfältig darüber nachzudenken, wie weit es in sexueller Hinsicht mit seinem gegenwärtigen Freund oder seiner Freundin gehen will. Es ist unmöglich, den Kuchen aufzuheben und gleichzeitig aufzuessen. Je mehr Erfahrung Ihr Kind in sexueller Hinsicht außerhalb einer ausschließlichen lebenslangen Beziehung bekommt, desto schwieriger wird es, Sex mit dem Mann oder der Frau seiner Träume (wenn es sie oder ihn endlich gefunden hat) zu einer intimen, privaten, persönlichen und ausschließlichen Sache zu machen.

10. Und wenn ich keinen Freund oder keine Freundin finde?

Niemals ist eine lange Zeit, und keinesfalls wird Ihr Kind begreifen, dass es vielleicht erst mit zwanzig oder dreißig einen Menschen findet, mit dem es sich lohnt, eine Beziehung einzugehen. Wenn es mit sechzehn oder siebzehn noch keinen Freund oder keine Freundin hat, fühlt es sich übergangen, so als wäre es als ungewollte Ware auf dem Regal liegen geblieben. Ihr Kind wird sich vermutlich alle möglichen Dinge einbilden, die mit ihm nicht »stimmen«, wenn es die Teenagerjahre durchläuft, ohne mit mindestens einem Jungen oder Mädchen Wimpernhockey gespielt zu haben. Als Eltern ist es Ihre Aufgabe, ihm immer wieder klarzumachen, dass mit ihm alles in Ordnung ist und es keinen Sinn hat, mit dem ersten Besten eine Freundschaft zu beginnen, nur damit es sagen kann, es sei mit jemandem gegangen.

Laurence Olivier, der weltbekannte Schauspieler, gestand einmal in einem Interview, er hätte seine Rollen nicht immer nach rein »künstlerischen« Gesichtspunkten angenommen; manchmal wäre das angebotene Honorar zu verlockend gewesen, um das Angebot abzulehnen, selbst wenn das Drehbuch nicht gut war. Im Rückblick zweifelte er daran, ob es klug gewesen sei, diese Rollen anzunehmen, da seine guten schauspielerischen Leistungen in einigen seiner Filme von den vielen schlechten Rollen, die er gespielt hatte, geschmälert wurden. Und so ist es auch gut für Ihr Kind, sich sehr genau zu überlegen, mit wem es geht, anstatt mit Hinz und Kunz loszuziehen, nur weil Samstagabend ist und es ausgehen möchte. Es ist besser, seine Zeit mit einer größeren Gruppe von Freunden zu verbringen, die eigenen Interessen auszubauen, als mit jemandem auszugehen, an dem man nur interessiert ist, weil es keinen besseren Kandidaten gibt.

11. Wie gehe ich mit Zurückweisung um?

An einem bestimmten Punkt seines Lebens wird Ihr Kind sicherlich einmal von einem Freund oder einer Freundin sitzen gelassen werden. Das wird bestimmt nicht angenehm sein, aber das ist auch nicht das Ende der Welt, auch wenn es zu diesem Zeitpunkt so aussieht. Die meisten Beziehungen gehen auseinander, weil die Gemeinsamkeiten nicht mehr so offensichtlich sind wie die Unterschiede. Während die Partner sich gegenseitig besser kennen lernen, lässt die magnetische Anziehungskraft, die sie anfangs füreinander empfunden haben, allmählich nach, und sie erkennen viel deutlicher, was ihnen am anderen gefällt oder missfällt. Überwiegen die negativen Seiten, reicht die magnetische Anziehungskraft nicht aus, um die beiden zusammenzuhalten. Sie trennen sich. Für Sie als Eltern ist klar, dass sie einfach nicht richtig füreinander waren, aber Ihr Kind sieht nur, dass ein Mensch, den es mochte, sein eigentliches Wesen erkannt und es zurückgewiesen hat.

Um Ihrem Kind zu helfen, diesen Schmerz zu überwinden, müssen Sie ihm unbedingt zeigen, wie sehr Sie es lieben, auch wenn das zu diesem Zeitpunkt nur ein geringer Trost sein wird, und ihm versichern, dass die Schuld an der Beendigung der Beziehung nicht bei ihm liegt, sondern dass es einfach der falsche Partner gewesen ist. Was immer Sie tun, vermeiden Sie es, ihm zu sagen, es gäbe noch mehr »Fische im Wasser«; das klingt gönnerhaft und wird Ihrem Kind den Eindruck vermitteln, dass Sie einfach nicht begreifen, was es im Augenblick durchmacht. Geben Sie ihm stattdessen Raum für den Prozess des Trauerns um die »kaputte Beziehung«. Sie sollten für Ihr Kind da sein, aber denken Sie nicht, Sie könnten den Schmerz einfach »wegküssen«, wie Sie es früher bei einer Wunde getan haben, oder etwas sagen, das Ihrem Kind sofort hilft, den Schmerz zu überwinden. Sie können ihm nur den Rat geben, möglichst keine neue Beziehung einzugehen, solange es noch um die alte trauert.

12. Ich glaube, ich habe einen Fehler gemacht – was nun?

Wir alle machen Fehler, auch in der Liebe. Falls Ihr Kind in sexueller Hinsicht etwas tut, von dem es sich wünscht, es hätte das nicht getan, dann können Sie ihm helfen, aus seiner Erfahrung zu lernen und weiterzumachen. Als Erstes sollten Sie erkennen, wie gut es ist, dass Ihr Kind sich Ihnen nahe genug fühlt, um Ihnen diese Sache anzuvertrauen, und Sie dürfen keinesfalls sein Vertrauen mit Vorwürfen vergelten. Sie brauchen ihm nicht zu sagen, wie dumm es gewesen ist, das weiß es bereits. Ihr Kind braucht vielmehr bedingungslose Liebe und Annahme. Es muss wissen, dass Sie es lieben, egal, was es getan hat, und dass Sie immer für es da sein werden.

Als Nächstes muss es wissen, dass es aus jeder noch so schlimmen Situation einen Ausweg gibt. Selbst wenn es vielleicht mit den Konsequenzen seines Handelns leben muss, mit einer Schwangerschaft zum Beispiel oder mit dem Wissen, dass es einem anderen Menschen großen Schmerz zugefügt hat, ein Neuanfang ist möglich. Ihr Kind braucht nicht ein Gefangener seiner eigenen Vergangenheit zu werden. Und lassen Sie nicht zu, dass Ihr Kind sich beschmutzt fühlt oder für zweitklassig hält. Menschen, die es lieben, werden ihm seine Fehler verzeihen. Helfen Sie ihm vielmehr, aus diesen Fehlern zu lernen, einen Strich unter die Vergangenheit zu ziehen und weiterzumachen. Machen Sie ihm Mut, seine Möglichkeiten zu durchdenken, zu entscheiden, wie weit es in der Zukunft gehen möchte, und auf einem sauberen Blatt noch einmal neu anzufangen.